나도 한다 !

애플 며느리의
라이브커머스로
강소농 되기

초판 1쇄   2021년 11월 11일

지은이   이은주
발행인   김재홍
총괄/기획   전재진
마케팅   이연실
디자인   박효은

발행처   도서출판지식공감
등록번호   제2019-000164호
주소   서울특별시 영등포구 경인로82길 3-4 센터플러스 1117호(문래동1가)
전화   02-3141-2700
팩스   02-322-3089
홈페이지   www.bookdaum.com
이메일   bookon@daum.net

가격   15,000원
ISBN   979-11-5622-640-6   03320

나도 한다 !

애플 며느리의

라이브커머스로

강소농 되기

좋아하는 사과, 배를 실컷 먹을 수 있을 것 같은 기대감만으로 고민 없이 과수원집 며느리가 되었다. 시부모님이 일궈오신 터에 농부의 아내로 새참 나르며 살기를 희망하였으나, 짝꿍은 농사에 큰 흥미가 없었고 자발적으로 내가 직접 농부가 되어보기로 했다. 하지만 새벽부터 밤늦게까지 삽질과 지게질로 다져진 시부모님을 따라나서 일하는 건 너무 벅찬 일이었다. 그래서 손쉽게 농사를 지을 수 없을까 생각하다가 농기계를 배우기 시작해 트랙터·SS기운반차·지게차·굴삭기까지 힘쓰게 되는 일을 기계로 손쉽게 할 수 있게 되었다. 시간이 많이 남게 되니 예전에는 상상도 못 했던 여가생활을 가질 수 있었다. 아버님은 오래전에 배우다만 스포츠댄스를 다시 시작하게 되었고, 어머님은 지역의 노래 교실에 다니게 되었다. 그리고 나는 김제시 농업기술센터를 다니며 스마트폰 활용교육과 블로그를 배우기 시작했다.

농사일만 하다가 영농일기를 쓰듯 하루하루 블로그 포스팅하는 건 의미 있었고, 지금까지도 해오고 있는 신나는 습관이 되었다. 농업기술센터에서의 교육은 평범한 농부를 '신나는농부'로 변신시키는 데에 지대한 영향을 주었다. 블로그로 시작해 유튜브·페이스북·1인방송까지 스마트폰 영역을 확장하게 해 준 최고의 서포터즈이다.

특별한 능력과 재주가 없는 내가 교육받은 걸 반드시 해보고 꾸준히 실천해보는 것만으로 많은 분들의 관심을 받게 된 것도 모자라 이렇게 농업인 라이브커머스 성공사례를 글로 펴내 함께 나누게 되니 모든 과정이 참 감사한 일이다.

특히 김제시농업기술센터의 모든 교육 과정에 특별한 고마움을 느낀다. 스스로 미처 알지 못했던 나를 찾게 도와주었고 강소농 자율모임체 '바른농부' 회원님들의 도움으로 좀 더 이롭게 다듬어질 수 있었다. 앞으로도 '같이'의 가치를 만들어 갈 수 있게 노력하겠다.

끝으로 3남매의 열렬한 응원으로 이 책을 완성할 수 있었지만, 특히 고3 딸에게 시간을 많이 내어주지 못한 건 두고두고 살짝 미안할 것 같다. 주방 살림 손 놓고 글 쓰는 며느리를 위해 설거지까지 도맡아주시며, 낮에 일하고 밤에 글 쓰는 데 전념할 수 있게 살뜰히 도와주신 송점례 여사님께 특별히 감사드린다.

아울러 이 책을 펴낼 수 있게 손잡아주시고 도움 주신 지식공감에도 진심으로 감사를 전한다.

2021. 10월의 어느 멋진 날에

우리 사회가 코로나 팬데믹으로 모두가 어려운 시기를 보내고 있는 이때, 이은주 농업인의 《나도 한다! 애플 며느리의 라이브커머스로 강소농 되기》 출간 소식은 특별히 더 반갑고 소중하게 다가옵니다.

지난해 여름, 전라북도 농업인 정보화 경진대회 영상 촬영차 처음 만났던 이은주 농업인은 밝고 열정적인 모습이 참 인상적이었습니다. 온라인 직거래 라이브 방송을 통해 한 달 만에 사과 80t을 완판한 '소통의 귀재' 이은주 농업인이 이번에 라이브커머스 책으로 더 다양한 독자들과 만나게 된 것에 대해 아낌없는 박수와 축하를 드립니다.

코로나 2년 차를 맞은 지금 농산물 온라인 직거래와 SNS를 활용한 홍보는 선택이 아닌 필수사항으로 자리 잡았습니다. 농사만 지어도 바쁜 농업인들에게 사실 큰 부담일 수밖에 없습니다.

이러한 부담을 덜어드리기 위해 전라북도농업기술원과 각 시군 농업기술센터에서는 농업인들의 농산물 온라인 홍보 및 판매를 돕는 정보화 교육과 농가 규모는 작지만 경쟁력 있는 농가를 육성하기 위한 디지털강소농교육 등을 꾸준히 진행해오고 있습니다.

　이은주 농업인은 교육에 항상 적극적으로 참여했고, 농사일로 바쁜 와중에도 라이브 방송과 블로그에 사진과 글로 일상을 남기는 작업도 배운 대로 꾸준하고 묵묵하게 실천해 왔습니다. 일련의 과정을 거쳤기 때문에 본인의 이야기를 세상에 내보일 만큼의 내공이 쌓인 것이라 봅니다.

　외부와의 단절이 장기화 되는 시대에 우리 농업인들은 온라인으로 서로 소통하고 더 공고하게 연결되어 함께 위기를 헤쳐나가야 합니다. 솔직하고 담담하게 전하는 이은주 농업인의 이야기가 그 실마리를 제공할 것이라 확신합니다.

전라북도농업기술원장

박경숙

코로나 팬데믹을 2년째 겪고 있는 지금, 마스크 착용 의무화와 사회적 거리두기를 단계적으로 시행하면서 사적 모임을 통제하는 한편, 국민 다수가 백신접종을 통해 코로나 확산 방지에 총력을 기울이고 있습니다.

갑자기 불어닥친 코로나 재앙은 자가격리, 모임 중단, 사회적 거리두기로 인해 많은 사람들의 외부활동이 위축되고 외식보다는 집밥을 선호하게 하는 등 소비시장 환경이 급변하기에 이르렀습니다.

또한 그동안 오프라인 환경인 대형할인점이나 전통시장에서 구매해오던 소비 형태가 온라인 인터넷 구매가 급격하게 느는 등 소셜커머스, 온라인 장터가 인기를 구가하고 있습니다.

코로나로 인해 변화된 소비시장은 지역 소상공인은 물론 우리 농업 현장에서도 크고 작은 어려움에 봉착해 있으며 적게는 수 개월간 많게는 수년 동안 재배한 농산물들이 수확시기를 맞이하면서 농민들의 걱정은 커져만 가고 있습니다.

여기에 단순히 문자를 길게 보내고 사진을 찍으며 카톡으로 단체 채팅하는 정도였던 스마트폰이 우리 생활 속에 밀접하게 들어와 이를 이용한 소셜커머스, 온라인 장터로 소비 동향이 바뀌면서 이제 우리 농업인들에게도 유통채널 다양화에 새롭게 도전받는 계기가 되었습니다.

우리 지역 김제에서는 특히 농업인들의 SNS 활용에 대한 교육을 꾸준히 실행하였고 변화하는 시장에 적응할 수 있도록 농업인 교육에 대한 지원을 아끼지 않았습니다.

이번에 책을 낸 이은주 대표도 5년 전쯤 스마트폰 활용 교육을 시작으로 센터에서 진행하는 SNS 교육을 빠짐없이 참여하면서 페이스북으로 라이브 활동을 하더니 이제는 2천 구독자가 있는 유튜브도 운영하여 지난해 7천 평에서 수확한 사과를 한 달 만에 완판하는 쾌거를 이루었습니다.

예전에는 농사만 잘 지으면 성공한 농부라고 했을 때가 있었습니다, 하지만 요즘은 농사는 기본이고 SNS를 통해 홍보와 마케팅을 하고 도시민들을 비롯한 소비자들에게 농사지은 농산물을 직접 판매할 수 있는 때가 되었다는 것입니다.

코로나19 이후 농식품의 온라인 쇼핑 거래액은 2019년 16조 9,629억 원에서 2020년 25조 9,743억 원으로 급증하였고 가정 내 소비와 국내산 농산물의 소비가 증가하여 유통채널 다양화 및 마케팅 전략

수립, 온라인 홍보 강화 등 적극적인 대응이 필요한 시점입니다.

이 대표님의 열심과 꾸준한 근성을 통해 얻게 된 하나의 성공사례가 많은 농업인에게 소개됨으로써 변화된 농식품 소비 동향에 맞는 유익한 정보가 되었으면 합니다.

'하늘과 땅이 만나는 오직 한 곳'

지평선의 고장 김제에서 사과 배 농사를 짓고 있는 "신나는 농부" 청하 농원 이은주 대표의 출판을 축하합니다.

2021. 9

김제시 농업기술센터 소장

김병철

Contents

1장

농업 현장도 이제는
스마트 시대

2장

새로운 시작을
두려워하지 말자

Contents

1장

농업현장도
이제는 스마트 시대

스마트폰과 함께하는 농업

아침에 눈 떠서 잠자리 들 때까지 옷을 제외하고 가장 많은 시간 동안 내 몸에 붙어 있는 게 무엇일까? 알람과 밤사이 와있는 카톡 확인, 페이스북 알림 확인, 유튜브 채널 알림 확인, 블로그 알림까지 싹 훑어보고 나서야 자리에서 일어나게 되는 일상. 나만 그런 건 아닐 것이다. 같은 공간에 있는 가족들도 손에는 각자의 스마트폰이 있고 저마다 개인의 취향대로 영상을 찾아보거나 음악을 듣고 영화를 본다. 공동체 안에서도 개인적인 삶의 방식이 존중되고 있다.

모바일 스마트폰은 가족의 생활 모습도 바꾸었고 삶의 방식과 소비 패턴도 완전히 다르게 만들었다. 웬만한 생활용품 구입은 스마트폰 앱으로 손쉽고 빠르게 구입할 수 있게 되고 결제까지 너무 편리해 "돈 쓰는 일이 제일 쉽다"라는 말이 나오는 건 당연할지도 모른다. 나는 실제 농업인으로서 농사짓는 현장에서 스마트폰의 활용 범위가 점차 확장되고 있는 걸 본다. 농장의 관수, 채광, 비가림 등의 관리가 스마트폰으로 제어되는 스마트팜은 농부들의 노동기여 시간을 줄여주어 잉여시간이 늘어나 삶을 보다 여유롭게 해준다. 토마토, 파프리카, 오이, 멜론 등 열대과일 만감류의 시설하우스는 기본이고 요즘은 인삼도 스마트팜으로 가능하게 되었다.

생산단계에서의 노동기여 시간을 줄여주니 잉여시간을 어떻게 활용하면 좋을까? 이제 판로에 대한 고민을 할 때이다. 스마트폰의 다양한 앱은 스마트팜을 확산시켜주는 반면, 초기 시설비용이 많이 들어가는 단점이 있다. 2000년대 초반까지도 농부들은 농사만 잘 지으면 농협이나 중간 유통 상인들이 전량을 구매해줘 목돈을 만질 수가 있어서 판로 고민을 할 필요가 없었다. 하지만 점차 농협의 관여가 줄고 대형마트에서 산지직거래를 통한 구매가 확대되면서 선택받지 못한 농가에서는 자구책을 찾아야만 했다. 평생 농사만 지어온 농부들이 농산물을 홍보하고 판매하는 일은 여간 쉽지 않다. 제철에 수확한 농산물이 제값을 받고 판매가 되어야 하는데, 가격 폭락으로 인해 산지에서 수확도 못하고 갈아엎는다는 소식을 들을 때마다 남일 같지 않아 너무 속상했다. 농산물 가격은 하락하고 인건비는 계속 상승하여 수확작업을 진행하면 오히려 손해를 크게 보게 되니 어쩔 수 없는 선택이었을 것이다. 어떻게 하면 애지중지 소중하게 돌보며 키운 농산물을 갈아엎지 않고 생산자와 소비자가 만족하는 판매와 구매가 이뤄질 수 있을까?

IT 강국답게 지금은 전 국민의 95%가 스마트폰을 비롯한 모바일 기기를 갖고 있어 수많은 정보를 활용한 생활의 방식들이 많이 달라지고 있다. 시장에 가야만 구입할 수 있었던 농산물을 스마트폰으로 검색만 하면 원하는 상품을 구입할 수가 있으니 SNS로 꾸준히 농작물 홍보를 해 온 농가들이라면 새로운 고객을 언제든지 맞이할 수가 있게 되었다. 그래서 내가 찾은 자구책은 '생산자와 소비자의 만남'을 주선해보는 것이다. 어떻게? 바로 지금 내 손안에 있는 스마트폰으로 생산자는 어떤 땅에서 어떻게 농사를 지었는지 생산정보를 공유하여 진솔하게 보여주고, 소비자는 농사지은 생산정보를 참고해 안전하고 신선한 농산물들을 제철에 맞춰 구입할 수 있는 정보들을 얻게 되는 것이다. 그게 스마트폰으로 가능하다!

라이브방송으로! 라이브커머스에 대한 이야기는 요즘 많이 들어봤을 것이다. 라이브커머스는 실시간 라이브방송을 통해 상품을 판매하는 것을 의미한다. 홈쇼핑과는 다른 결을 가진다. 라이브커머스를 할 수 있는 플랫폼은 페이스북, 유튜브, 인스타그램, 네이버, 카카오, 그립 등 아주 다양하다. 일부 플랫폼들은 라이브커머스를 하고 싶다고 할 수 있는 게 아니라 자격조건이 되어야만 가능하다. 쇼호스트의 진행으로 라이브커머스를 진행하는 방식도 있지만 이런 경우 적지 않은 수수료를 지급해야 한다. 진입장벽이 존재한다고 할 수 있다.

하지만 농업인의 1인 라이브커머스는 다르다. 내가 농사지은 농산물을 홍보하고 방송함에 있어 고정된 편성시간도 없을 뿐만 아니라 언제든 필요한 순간 때와 장소를 구별할 것도 없고 고가의 방송장비를 갖출 필요도 없다. 그리고 방송 심의에 걸릴 일도 없으니 욕만 하지 않는다면 내가 방송국의 총수가 되어 농장에서 하고 싶을 때 언제든 마음대로 그냥! 하면! 된다! 과연 내가 할 수 있을까? 스스로를 의심하지 말고 일단 해보는 게 중요하다.

1인 라이브방송을 하고 싶다면 너무 어렵게 접근하려 말고 몇 가지만 주의하여 일단 쉽게 시작해보자.

첫째, 예의를 지키며 소통해야 한다. 실시간 라이브방송을 진행할 때 가장 중요한 건 소통이다. 시청해주시는 분께 예의를 다해 이름을 부르고 인사를 해야 하며, 내 방송을 봐주는 감사한 분께 예의를 갖춰 잘 응대해야 한다.

둘째, 거짓말을 해서는 안 된다. 특히 SNS에서는 조금만 조사하면 다 나온다. 금방 발각될 거짓말은 상호신뢰감을 쌓는 데 방해되는 요소이다. 특히 농산물은 정직함이 생명이니 과대광고는 피하는 게 좋다.

셋째, 평소 사용하는 말을 하되 욕설은 금지. 평소에 잘 안 쓰는 말로, 소위 말하는 방송용으로 구성한 말은 나도 익숙지 않아 실수를 자주 하게 되고, 보는 사람도 불편해질 수 있다. 사투리가 심하다고 애써 표준말 하는 것보다는 토속미를 살려 매력으로 돋보이게 하면 된다. 욕설은 당연히 금지 본인의 인격을 드러내 보이는 것이니 절대 금지해야 한다. 스마트 농업은 생산단계에서의 편리함을 주는 동시에, 또한 생산에 대한 전 과정과 성장과정들을 소비자와 공유할 수 있는 스마트폰의 활약 또한 무궁무진 기대가 된다.

코로나 팬데믹에도 봄은 온다

지난 2020년 한 해 동안 우리는 코로나로 인한 엄청난 변화를 경험했다. 가장 큰 변화는 사회적 거리두기의 일상이다. 만나고 소통하여 이뤄지는 모임문화는 집합금지 조치로 비대면, 언택트 문화가 점차 확대되어 자리잡게 되었다. 소상공인 자영업자들의 매출은 감소하고, 높은 임대료를 감당하지 못해 폐업하는 자영업자들이 상당했다. 배달과 포장서비스를 확대하고 발 빠르게 준비한 업체들은 코로나 팬데믹에 슬기롭게 대처할 수 있게 되었다.

그렇다면 우리 농업 현장은 어땠을까? 제일 먼저 직격탄을 맞은 곳은 농업 관련 관광, 문화, 진로 체험농장들이었다. 학생들의 온라인 수업이 계속되고, 사람들이 많이 모이는 곳을 꺼리다 보니 체험농장을 방문하여 진행하는 체험활동이 사라지게 되었다. 물론, 이후에 체험키트를 활용한 체험들이 늘어나긴 했지만 체험농장을 직접 방문하여 이뤄지는 체험들은 급격하게 감소했다. 전통시장이나 대형마트에 가서 구입하던 식료품들도 집에서 온라인으로 간편하게 주문하는 사람들이 많아지고 있다. 또한 집에 머무르는 시간이 많아지다 보니 배달음식을 이용하는 가정도 많아져 손쉽게 집에서 조리해 먹는 음식을 선호해 간편식의 소비도 많이 증가하게 되었다. 또한 건강한 식재료를 구입해 집밥을 먹는 가정도 많아져 제철음식에 대한 관심도 높아지고 있다. 시설재배가 늘어남에 따라 연중 재배되는 농산물들이 많아져 필요한 농산물들은 일년내내 구입이 가능하게 되어 필요한 식자재 구입이 스마트폰으로도 쉬워졌다.

요즘 많은 전문가들은 향후 5년~10년간 서서히 변화될 삶이 일년 만에 변화된 거라며 변화에 유동적으로 대처하라는 이야기를 많이 한다. 그렇다면 어떤 방식으로 사회에서 도태되지 않고 변화의 흐름에 발맞춰 구성원으로 살아갈 수 있을까? 앞으로 코로나가 잠잠해지면 다시 예전으로 돌아갈 것이라는 생각을 하고 있다면 내 개인적인 생각은 아니다에 한 표. 지난 1년간 의도한 건 아니었지만 등 떠밀리다시피 비대면 생활을 경험했다. 차에서 내리지 않고 주문하고 받을 수 있는 드라이브스루, 음식점에서의 키오스크 주문방식도 낯설었지만 금세 익히고 편리함을 경험했다. 인터넷 주문방식도 이제는 아주 익숙해져 생활 곳곳에서 비대면의 안전하고 편리함을 누리고 있다. 이러다 보면 예전처럼 많은 사람들이 북적대는 곳을 찾고 대면하는 방식은 과거의 영상으로만 가능할지도 모른다.

농업 현장에서도 코로나 이후는 많은 부분이 변화될 것이다. 코로나 이후에 농촌에서 살아남기 위해 농부들은 무엇부터 할 것인가?

농사만 지어서 공판장에 나가면 판로 걱정이 없었던 일은 아주 먼 옛날의 이야기다. 요즘 시골은 은퇴 후 한적한 시골로 내려와 텃밭 일구며 자급자족 생활을 꿈꾸는 귀농인들이 점차 확대되고 있고 젊은 농업인들의 귀농도 많이 늘어나고 있다. 아이들과 자연 속에서 맘껏 뛰어놀며 건강한 먹거리들을 생산하며 농부가 되기를 희망해 자발적으로 농사에 발을 디딘 청년농부들은 빠르게 변화하는 스마트한 SNS를 생활화한다. 농부의 일상을 SNS에 올리면서 도시민들과 소통을 하고 직접 농사지은 농산물을 판매하기까지 한다.

코로나로 인해 농산물의 수입도 원활하지 못하다 보니 우리 농산물에 대한 수요는 더 증가하게 되었다. 이와 더불어 SNS 활동을 활발히 한 농부들은 큰 어려움 없이 농산물의 판로가 더욱 확대되었을 것이다. 이것이 바로 위기 속의 기회이다. 농부들이여 SNS를 활용하여 마케팅의 영역을 확대해가자. 그것이 바로 코로나 팬데믹 이후에 농촌의 봄을 앞당길 수 있게 하는 방법일 것이다.

한 해 동안 농사지어 영농관리 비용을 빼고 나면 순수입은 어디에 말도 못 할 형편이 대다수의 농가들이다. 대부분의 농가는 가족 구성원 전원이 함께하는 가족농들이 많아지고 있다. 최대한 영농지출 비용을 줄여 농가의 소득으로 이어질 수 있는 방법을 찾아야 할 때다.

나는 농사를 잘 짓는 방법은 이야기하지 않겠다. 사실 나도 잘 모른다. 같은 작물이라도 지역마다 농가마다 농사짓는 방법과 시기가

다 다르다. 우리 과수원은 40여 년 사과·배를 농사지어온 아버님께서 진두지휘하시고, 나는 농기계를 이용해 농사를 돕는다. 나는 생산에 관해서는 곁다리라 할 수 있다. 하지만 함께 농사지은 농산물을 판매하는 부분은 내가 도맡아서 하게 된다. 분업화가 되다 보니 잘할 수 있는 일을 책임지고 더 열심히 하게 되는 것 같다.

2016년 겨울부터 김제시농업기술센터에서 블로그 교육을 받고, 이후에 페이스북 활용과 동영상 편집, 유튜브 교육을 받으며 과수원의 영농일지를 블로그와 영상으로 써왔다. 관심 있는 분들이 블로그에 방문하여 응원의 댓글도 남겨주고, 직접 농장을 방문해주시는 분들도 많아졌다.

농산물 직거래 확산

사실 나는 어떻게 하면 농사지은 농산물들을 완판할 수 있는지에 대한 고민을 많이 한다. 40여 년간 시부모님은 과수원을 일궈오셔서 농장에 단골 고객들이 많은 편이다. 사과·배를 수확하기도 전에 언제 따는지를 물어보는 고객들의 전화를 받는 것도 나에겐 중요한 일이 되었다. 몇 해 전부터 사과나 배를 물어오는 전화가 있으면 하나도 빠짐없이 스마트폰에 저장해두었다. 그리고 수확시기에는 그분들의 스마트폰으로 수확 소식을 안내하는 문자를 발송했다. 문자를 받은 대부분의 고객님들은 깜짝 반가워했고 마치 소식이 궁금하던 차에 연락이 먼저 와 고맙다는 답장을 적지 않게 받는다. 수확 안내 문자에 감사하는 답장을 받으면 농부로서도, 한 개인으로서도 엄청 재밌고 신나는 일이 아닐 수 없다.

6년 전쯤, 사과·배의 수확량이 점점 늘어나는데 직접 방문해주시는 고객님들께만 판매하고 있자니 5월이 되었는데도 저온저장고에 커다랗고 싱싱한 맛있는 사과가 100여 상자나 남아있는 것이 아닌

가. 이렇게 좋은 사과가 여태껏 고객님을 못 만나 저장고에 남아있다는 게 뭔가 잘못됐다 싶어 그 원인을 찾아보았다. 5~6년 전만 해도 맛집을 찾거나 필요한 정보를 검색할 때 블로그를 검색해 정보를 취득할 수가 있었다. 하지만 막상 우리 농장에 대한 글을 내가 써본다는 건 생각지도 못했던 일이었다. 내가 블로그를 직접 써볼까? 고민을 하던 중에 우연히 농업기술센터에 대한 이야기를 전해 듣고, 농업인 정보화 교육에 블로그 교육이 있는 걸 확인하여 낮엔 과수원 일을 하고 밤엔 김제시 농업기술센터에 다니며 블로그를 작성하는 교육을 받기 시작했다.

예전에는 농업기술센터라 하면 농업생산에 대한 교육을 많이 진행했는데, 요즘 기술센터는 온라인 마케팅교육을 많이 편성하여 직접 생산한 농산물의 판로를 확대하는 방법으로 SNS 교육까지 다양한 프로그램을 시행하고 있다. 블로그를 만들어 스마트폰으로 사진을 찍고, 사진 설명으로 글을 쓰기 시작했다. 블로그에 글이 차곡차곡 쌓이면서 신규고객들이 하나둘 늘어났고, 가끔씩 방송국 작가님들의 연락을 받아 방송에도 여러 번 출연하게 되었다. 이후에 페이스북으로 하는 생산자1인 방송교육은 또 다른 세상을 선사해줬다.

실시간 라이브방송을 통해 과수원에서 승용예초기를 운전하면서 풀 깎으며 방송을 하고, 태풍이 지나간 후 배밭에 낙과된 배를 보며 방송을 했다. 사과, 배 수확을 준비하는 현장에서도, 수확하는 현장에서도 나의 라이브방송은 계속되었다. 그리고 급기야 지난해엔 사과 수확을 안내하는 방송을 며칠 이어서 했다가 수확한 사과를 한 달 만에 완판하는 일까지 벌어지게 되었다. 기존 고객들이 방문했을 때는 이미 판매가 종료되어 되돌아가거나 사과즙을 구입해야만 하는 상황이 벌어져 죄송하기도 했다.

온라인과 오프라인. 스마트폰으로 방송을 하며 온라인 SNS마케팅을 하니 오프라인 시장도 더욱 활기를 띠게 되었다. 농장을 직접 방문하는 고객들이 많아지고, 택배 발송량이 어마어마하게 많아졌다. 오죽하면 화장실 갈 시간도 없고, 밥 먹을 시간도 없어서 초간단 컵라면과 김밥으로 때워야 하는 날도 종종 있었다. 앞으로도 SNS를 더욱 활발하게 꾸준히 활용하여 기존 고객도 지키고 신규고객들도 확대하여 내가 지은 농산물은 모두 완판하기를 소망한다.

카톡만큼 쉬운 라이브방송

10년 전쯤인 것 같다. 스마트폰으로 바꾸고 카톡을 하기 시작한 때가…. 당시 초등학교에 들어간 아이의 학부모 모임에 열심히 다닐 때 학부모 한둘이 스마트폰을 사용하는 걸 보니 엄청 편리할 것처럼 보여 오랫동안 사귀었던 2G폰을 스마트폰으로 바꾸었다. 스마트폰으로 바꾸고 제일 좋았던 건 같은 말을 개별적으로 사람마다 여러 번 하지 않아도 되는 것이었다. 단체 카톡방을 만들어 그 방에 모여 있는 사람들에게 한 번에 얘기하는 게 너무 편리했다. 또한 '복사+붙여넣기'하는 방법은 여러 명의 고객을 응대하다 계좌번호를 붙여넣거나 주소를 붙여넣을 때도 빠르게 전송할 수 있어서 편리했다.

라이브방송 역시 카톡만큼이나 쉽다.

어머님께서 스마트폰으로 바꾸셨을 때 제일 힘들어하신 부분이 꾹꾹 누르던 버튼식에서 터치식으로의 변화에 적응하시는 거였다. 물론 문자를 보낼 때도 처음엔 어려워하셨지만, 이제는 사진도 보내고 동영상을 찍어서 보내기도 하신다. 특히 사진만 찍다가 동영상을 찍었을 때는 어찌나 감동하시던지….

'야야~, 마당에 꽃이 예뻐서 사진을 찍다가 동영상도 찍어버렸다'

그 영상을 단체 카톡방에 올리면서 소녀같이 행복해하시던 모습이 눈에 선하다. 어머님은 50년생, 올해로 72세이다. 나는 어머님의 이야기를 SNS에 옮길 때 종종 송 여사님이라는 애칭을 쓴다. 송 여사님의 카톡 활용은 이제 유튜브 영상을 카톡에 공유하기에 이르렀다.

사실 송 여사님이 좀 스마트하시기도 하지만, 스마트폰은 자꾸 써봐야 활용할 수 있는 방법들을 익힐 수 있다. 스마트 기기는 웬만해서는 고장도 잘 안 난다. 이것저것 많이 활용하면 전에 몰랐던 기능도 알게 되어 더욱 확장된 스마트 세상을 경험하게 될 것이다. 특히 글을 쓰고 사진과 동영상을 카톡으로 보낼 수만 있다면 라이브방송은 너무 쉽다. 해보지 않은 것에 대한 두려움은 있을 수 있지만, 그렇다고 자꾸 미루기만 한다면 영 기회는 오지 않을 것이다.

나는 2019년 3·4월에 기술센터에서 생산자 1인 방송 라이브커머스 교육을 받았다. 당시 교육을 10~15명 정도가 같이 받았지만, 이런저런 이유로 현재 서너 명만이 라이브방송을 하고 있다. 라이브방송은 누구나 쉽게 배워서 할 수 있지만, 시작하는 데서 많이들 두려워한다. 나도 역시 처음 할 때 그랬다. 그렇다고 자꾸 미루기만 한다면 시작할 수도 없을 것이다. 카메라 울렁증이 있어 카메라를 못 본다면 나를 비추지 않고 사물을 보여주면서 라이브방송을 진행하면 된다. 떨려서 못하겠다면 더 연습하면 된다. 방법을 몰라서가 아니라 다른 사람이 어떻게 생각할지를 먼저 걱정하느라 내 안에 있는 1인 방송 잠재력을 끌어내지 못하는 것은 아닐까 싶다.

1인 방송 교육을 받을 때 김현기 교수님은 이렇게 말씀하셨다.

"남들이 본인을 얼마나 생각하고 있을 것 같아요? 하루에 3초 정도 생각할까? 남들이 나를 어떻게 볼까는 자기 혼자만의 생각이지 다른 사람들은 나 아닌 다른 사람 그리 오래 생각하지 않습니다. 그러니 눈치 보지 말고 일단 하세요!"

그 말을 믿고 나는 지난 2년간 1인 라이브방송을 해왔다. 교육을 받고 처음 방송할 때가 2019년 4월 4일이었다. 농가마다 판매할 상품을 가져오라고 하여 나는 배즙을 가져갔다. 김현기 교수님은 첫 방송을 기념하여 프로모션을 해보는 것도 좋다고 하여 기존에 판매하던 가격을 첫 방송기념으로 20% 할인된 금액으로 생애 첫 라이브커머스를 진행했다. 실시간으로 상품을 소개하고 판매하는데, 이게 안 팔리면 어쩌나 싶기도 하고 내가 말은 잘하고 있는가 싶기도 하면서 정말 정신없는 방송을 하게 되었다.

옆에서 지도와 함께 리드해 주신 교수님 덕분에 라이브커머스 실시간 판매방송으로 30분 만에 10상자를 완판할 수 있었다. 급기야 방송을 마치고도 계속 주문이 쇄도하여 시간을 마감 후 추가 주문해주신 분들께도 할인된 금액으로 판매하기에 이르렀다. 첫 방송에서 목표 상품을 완판하고 나니 자신감이 살짝 붙었나 보다. 그래서 교수님께 "교수님, 이제 우린 교수님 제자인가요?" 했더니 "나한테 교육받았다고 다 제자 아닙니다. 방송 100번쯤 하고 나서 보자구요" 하셨다.

김제시 농업기술센터 1인방송교육(김현기쌤과)

100번이 되려면 1주일에 한 번씩 방송한다고 해도 2년이 걸리겠다 싶어 1주일에 두 번 요일을 정해서 방송을 계획해 매주 화요일과 목요일 주 2회 라이브방송을 이름까지 지어서 꾸준히 진행했다. 이름하여 '신나는 농부의 화목라이브방송'. 주 2회씩 방송을 하다 보니 많은 분들이 기억해주고 알아봐 주는 것 못지않게 나 자신의 자존감이 상승하여 언제 어디서든 농장 곳곳을 소재로 삼아 방송을 진행했다. 그 결과, 그해 가을에 수확한 사과·배의 주문이 계속 들어오고, 지역 뉴스에도 몇 차례 소개되며, 김현기 교수님의 제자로 인정받았다.

라이브커머스 밭을 갈자

무엇이든 성과를 내기 위해선 인고의 노력이 필요하다.

대추가 저절로 붉어질 리는 없다

저 안에 태풍 몇 개, 천둥 몇 개, 벼락 몇 개

— 장석주, 〈대추 한 알〉

어디 대추뿐이던가, 별거 아닌 것 같은 하찮은 나의 일상 속 사소한 일들 하나하나가 나를 성장시키기도 하고, 흔적도 없이 사라져 기억조차 할 수 없는 일로 만들기도 한다. 블로그를 처음 할 때도 그랬고, 페이스북 라이브방송을 처음 할 때도 그랬다. 처음 블로그를 시작할 때 매일매일 영농일기 쓰듯이 기록했다. 낮에는 과수원에서 일하고 밤에는 스마트폰으로 블로그를 썼다. '주경야블'.

처음엔 우리 농장을 소개하고 사과·배를 많이 팔 생각으로 시작했지만, 점차 나의 생활에 한 부분으로 자리 잡아 기록하는 습관을 갖게 해주었고, 그저 흔한 시골 아낙의 소소한 글에 관심을 보여주는 분들이 점차 많아져 더욱 신나게 할 수 있었다. 기록하지 않으면 사라져 흘러가는 일상들을 사진과 글로 남겨 기록하니, 나에겐 무엇보다 소중한 자산이 되어준 것이다. 온종일 일하고 피곤한 몸으로 누워서 블로그를 쓰며 잠깐 졸다가 떨어지는 스마트폰에 몇 대 맞아보면 정신이 바짝 들기도 한다. 어릴 적 일기 쓰듯이 하루하루를 기록으로 남기는 일은 신났다.

　과수원 시설이나 판매장의 규모를 대형화하려고 거금을 들여 투자하기에는 여러모로 어려움이 많았다. 그만한 시설을 갖출 여유의 사업자금도 없고, 시골 일이 해본 사람들은 알 수 있듯 일년내내 힘들게 일하고 가을에 수확하면 돈 좀 만져보나 하는데, 그동안 농사지으며 들어간 포장자재와 방제약값, 기계수리비, 인건비를 제외하면 그리 넉넉하지 않은 살림이다. 그 와중에 판매장을 깔끔하게 현대화해 짓거나 체험 공간을 조성하는 데는 꽤나 많은 돈이 들어가게 된다. 일찍이 그런 돈도 없고 하여 거대한 건물을 짓는 하드웨어보다 인터넷 공간에 영역을 확장하는 소프트웨어 쪽에 더 치중하기로 하고 블로그를 열심히 했던 것이다.
　블로그로 영역을 확장하는 건 돈 안 들이고 하는 최고의 마케팅이다. 급변하는 스마트 세상은 이제 글보다 영상으로 더 많은 소비가 이뤄지고 있다. 때마침 기술센터에서 생산자 1인방송 교육을 실시했고, 두 달간 받은 교육은 내 안에 잠재하고 있던 무언가가 꿈틀대고 있다는 걸 알 수 있었다.

교육 기간 내내 할 수 있다는 자신감을 주입받았고, 지금 당장 해야 한다는 당위성을 수없이 세뇌받아 그 힘으로 당당하게 방송을 이어갈 수 있었다. 처음부터 술술 하는 걸 기대한 건 아니지만 서툴러도, 어색해도 100번을 달성하기 위해 매주 2회씩 이어 온 라이브방송은 100번의 방송을 하기도 전에 여러 매체에 소개되고, 수확하기를 기다려온 분들의 애정어린 주문을 받게되었다. 일하다가 불쑥불쑥하는 라이브방송이다 보니 시간까지 정확하게 정할 수는 없었고, 요일이라도 정하고 정기적인 방송으로 신나는 농부를 각인시킬 깜냥으로 용기를 내어 이어갔다. 라이브방송 마치고는 영상을 다운로드하여 간단한 편집을 마치면 유튜브 채널에도 업로드할 수 있어서 편리하다.

라이브방송 마치고 편집한 후 유튜브 업로드

나는 페·유·블을 하려고 노력한다.

페이스북으로 라이브방송을 하고, 영상을 다운 받아 자르고 붙이는 정도의 편집을 마치고 유튜브에 업로드, 영상을 캡쳐해 블로그에 포스팅까지, 이 모든 걸 나 혼자 한다. 오직 기술센터에서 배운 정보화교육만으로도 가능한 일이다. 온종일 밭에서 일하고 피곤한 몸을 뉘어 스마트폰으로 편집하다 보면 간혹 스마트폰에 맞을 때가 있다. 졸다가 툭 떨어트리게 되니 눈, 코, 입에서 번쩍번쩍하기도 한다.

더러 블로그를 활성화시켜주겠다는 업체들의 전화를 받기도 하지만, 나는 투박하고 거칠어도 내 손으로 한 땀 한 땀 고급스럽지 않아도, 세련되지 않아도 천천히 나만의 방식으로 나의 밭을 갈아가길 희망한다.

라이브방송도 그렇다. 돈을 주고 전문가를 섭외하여 세련미 있는 고급방송을 할 수도 있겠지만, 나는 나만의 방식으로 내 밭을 갈아 하나씩 만들어 갈 것이다. 농사짓는 현장의 거칠고 소란스러운 라이브라도 좋다. 꾸며낸 이야기가 아니고 실제 농업 현장의 상황이니 더욱 신뢰를 쌓을 수 있다. 홈쇼핑 쇼호스트와 진짜 농업인의 라이브커머스가 다른 점은 바로 이 과정을 생생하게 담아낼 수 있다는 것에 있다. 홈쇼핑에서는 과정을 보여주는 데 한계가 있다. 소비자가 먹는 사과의 하루하루 일기장을 쇼호스트는 절대 보여줄 수 없다. 반면 농업인들은 일상을 그대로 보여주면 되는 것이다. 이런 걸 방송해도 될까? 자꾸 스스로 방송심의규정을 붙이지 말고 그냥! 하면 된다.

농사일이 바쁜 철이 되면 라이브방송을 더 자주하게 된다. 바쁜데 일을 빨리 마무리하고 하든가 하지, 무슨 일하던 중에 방송이냐 할 수도 있지만, 이보다 더 생생한 현장은 없다. 예전에는 블로그를 보고 전화를 하시는 분 중 "직접 농사지은 게 맞느냐?"라며 물어보는 사람들이 종종 있었지만, 라이브방송을 시작하면서는 직접 농사지었는지를 물어보는 사람이 없다. 그냥 다 보여주니 덧붙일 설명도 필요하지 않게 되었다.

배밭에서 스마트폰으로 라이브방송

농장에서 방송을 어떤 배경으로 어떻게 할지 고민만 하기보다 삼각대에 스마트폰을 고정해 두고 할 일 그냥 하면 된다. 보는 사람도 뭐 이런 걸 방송이라고 하는가 할 수도 있다. 하지만 많은 고객들은 궁금해한다. 내가 사 먹는 사과가 어떻게 키워지는지, 내가 좋아하는 배가 어떤 과정을 거쳐 우리 집에 오는 건지. 사실 나 역시 사과·배만 알지 다른 작물들은 어떤 과정으로 농사 짓는지 잘 모른다. 많은 소비자들은 안전하고 신선한 농산물을 원한다. 이왕이면 가격까지 적절하면 더없이 좋을 것이다. 농사를 짓다 보면 최상품도 있지만, 살짝 모양이 안 좋아 등급이 낮아지는 상품도 나오고 흠집이 있는 것도 나온다. 농가에서는 농산물을 수확하면 로컬푸드나 마트에 공급하고 나머지들은 지인들과 나누거나 직거래를 하기도 한다. 하지만 라이브방송, 라이브커머스를 활용하면 이 모든 걸 소비자들의 요구에 맞춰 판매할 수 있다. 선물용은 최상품을 원하겠지만, 가정용으로 최상품까지는 아니어도 좋다는 고객들도 있기에 저렴한 가격으로 좋은 상품을 구입할 수 있을 것이다. 또한 가공용을 원하는 소비자들의 요구에 맞춰 다양한 상품가격으로 가성비를 넘어 '가심비'까지 충족시킬 수 있게 될 것이다.

라이브커머스는 수확한 농산물을 한 번 방송해서는 큰 효과를 볼 수 없다. 평소 농장에서의 일상을 수시로 라이브방송을 통해 보여주고 계속되는 소통을 통해 신뢰를 얻다 보면 수확물이 나올 때 라이브커머스 효과를 볼수 있는 것이다. 밭을 그냥 두면 잡초들만 무성해진다. 밭을 갈고 부족한 영양분을 공급해주며, 씨를 뿌려 싹을 틔우고 벌레도 잡아주는 동시에 물과 햇볕이 적당히 잘 들면 훌륭한 농산물을 얻게 되듯이, 필요한 건 취하고 불필요한 것들은 버려 나만의 라이브커머스 밭을 갈아보자.

배밭 한가운데서 라이브방송하는 신나는 농부

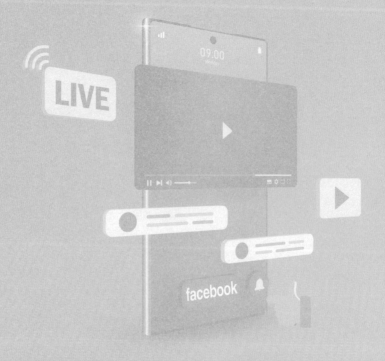

2장

새로운 시작을
두려워하지 말자

귀농, 배워야 할 것은
농사기술만이 아니다

요즘은 정년퇴임 후에 북적북적한 도시를 떠나 한적한 시골에 들어오려는 분들이 많아지고 있다. 텃밭에 농사지어 건강한 농산물을 먹고 여유로운 전원생활을 하고 싶은 분들의 귀소본능일 수도 있을 것이다. 하지만 막상 은퇴 후 시골에 들어와 직접 농사를 짓다 보면 여러 가지 생각지 못한 일들이 벌어지면서 크고 작은 마찰과 어려움을 경험하게 된다. 작은 밭이라도 일구려면 관리기나 트랙터의 도움을 받아야 하고, 뭐 좀 키워보려면 풀과의 전쟁도 만만치가 않다. 그렇다고 덥석 고가의 농기계를 구입하는 것도 현명한 답은 아니다. 할 수 있으면 동네에서 농기계를 갖고 있는 분께 도움을 받아 기계삯을 주고 작업을 해도 되고, 시·군 농업기술센터의 농기계임대사업소에서 농기계를 임대해와서 사용해도 좋다. 요즘 농기계들은 작동법이 그렇게 어렵지 않아 소형 농기계들은 여성분들도 쉽게 다룰 수가 있다. 많은 농기계들을 남성들이 임대하러 오는데, 나는 김제시 농업기술센터 농기계임대사업소를 이용하는 몇 안 되는 여성농업인 중 하나가 되었다. 거의 여성분들을 마주한 적이 없어서 자칭 '농기계 여왕'이라 말한다.

　농기계임대사업소는 각 지방자치 행정구역 내의 농업인이라면 임대하여 사용할 수 있다. 일단 농사를 짓는다면 관할구역 내 농산물품질관리원에서 농업경영체 등록이 되어있어야 한다. 본인 이름의 농지원부가 있으면 더 쉽지만, 가족의 농지원부에 속해 있어도 농업인 경영체등록에 이름을 올릴 수 있으니 먼저 경영체등록을 확인하고, 농협에서 운영하는 농업인 안전공제보험에 들어야만 임대농기계를 사용할 수가 있다. 농업인 안전공제는 1년씩 보장이 되지만 소멸성 보험으로 1년에 한 번씩 갱신해야 한다. 작업 중 크고 작은 안전사고 발생 시 보장을 받을 수 있으니 농기계 임대사업소의 농기계를 임대하여 사용하기 위해선 반드시 가입해야 한다. 조합원이라면 해당농협에서 무료가입을 해주거나 일부지원금을 보조해주기도 하니 충분히 알아본 후 가입하는 것이 좋다. 또 임대농기계는 대부분 1톤 트럭으로 본인이 싣고 와야 하지만, 일부 사업소에서는 농장으로 직접 배달해주기도 한다. 농기계 임대비용은 1일 기준 5천 원부터 7~8만 원까지 다양하다. 소형 농기계는 5천 원, 만 원부터 있고 파쇄기, 로터리, 트랙터 등은 종류에 따라 1만 원~3만원 정도이다. 미니굴삭기는 7~8만 원 정도 하기도 한다.

　김제시 같은 경우 코로나로 인한 농업인의 농업경영 부담을 줄여주고자 농기계 임대료를 6월 말까지 50% 할인해 운영 중이다. 또한 한

참 바쁜 농번기에는 주말에도 운영하여 농업인의 농기계사용을 훨씬 편리하게 해주고 있다. 농기계 임대사업소와 가깝다면 트랙터를 직접 몰고 가서 장착해 올 수도 있다. 나 같은 경우도 트랙터 운전을 하고 농기계 작동도 능숙하게 되었지만, 트랙터에 파쇄기, 살포기, 로터리 같은 기계를 연결하는 건 어려워서 짝꿍의 도움을 받는다. 관할지역의 상이한 내용들을 확인 후 사용하는 걸 추천한다.

여튼 농기계는 먼저 구입하지 말고 일단 필요하면 작업량과 기계구입비를 잘 따져본 후 연중사용량까지 철저히 고민해야 한다. 그런 다음, 그래도 내 기계가 있어야 한다면 그때 가서 꼭 필요한 걸로 심사숙고한 후에 구입하는 게 좋다. 또한 농기계 구입에 관해선 해마다 연초가 되면 정부나 지자체에서 지원해주는 보조사업들이 있으니 면사무소나 기술센터에 문의하면 나에게 딱 맞는 조건의 보조사업을 찾아 받을 수 있게 될 것이다.

귀농해 농촌생활을 하면서 농사일에 관련된 어려움이야 농기계 활용으로 다소 해소될 수 있지만, 더 큰 파도가 남아 있다. 오랫동안 그 마을에서 살아온 주민들과의 갈등이 생겨 어려움을 겪게 될 경우이다. 농촌의 이웃들은 잔정이 많고 선배 농업인으로 조언해 줄 게 많아 생각했던 것보다 더 큰 관심을 보일 수도 있다. 생활방식이 달라 처음에 마찰이 생길 수도 있지만, 주민들과 소통을 잘하는 건 귀농의 성공과도 관계가 아주 깊다. 잘 사귀다 보면 자다가도 떡이 생길 수 있으니….

성공적인 귀농정착을 위해 동네 분들과의 교류가 첫 번째이고, 옆 동네 주민들과도, 또 더 멀리 도시에 사는 분들과의 소통도 꾸준히 하는 게 좋다. SNS 활동으로 소통하는 건 여러모로 많은 도움이 된다. 첫 농사를 지어 수확한 기쁨을 지인들과 나누면 그전에 경험하지 못했던 행복감을 준다. 지인들과 나눠 먹는 것도 한두 번이지 언제까지 힘들게 농사지은 농산물을 그냥 나누기만 할 건가? 수익을 창출할 수 있어야 한다. SNS를 계속하다 보면 방법을 찾게 될 것이다.

가령 벚꽃이 필 무렵에 전국 각지에서 올라오는 벚꽃 만개 사진과 영상들을 SNS에서 수도 없이 보게 될 것이다. 누가누가 더 예쁜지, 어디어디가 더 예쁜지 마음 가는 곳을 찾아보게 될 것이다. 사진과 동영상으로 봤는데 너무너무 힐링되고 마음이 좋아진다면 우린 거기서 만족하지 않고 오감으로 느끼기 위해 직접 그곳을 찾아가게 된다. 그다지 연관성이 낮아 모호해지는 예일 수도 있지만, 농산물도 그렇다는 걸 말하고 싶어서 벚꽃의 예를 들었다.

수시로 수도 없이 라이브방송을 하면 어떤 일이 벌어질까?

앙상한 나뭇가지만 볼품없이 있는데, 농부는 그 나무가 사과나무라고 한다. 곧 꽃이 피고 열매가 맺혀 초록을 잔뜩 머금은 작은 열매가 빨갛게 맛있게 익어 새콤달콤한 사과가 된다고 말한다. 농부에게는 머지않아 보이는 사과나무의 생태현상이지만, 살면서 사과나무를 한 번도 본 적 없는 사람에겐 과연 정말 그렇게 되는지 묘한 호기심이 들 것이다. 한 번 하는 방송이라면 그냥 그런가 보다 할 수도 있지만, 계절의 변화에 따라 사과나무가 성장하는 과정들을 빼먹지 않고 보여주면 사과가 익어갈 때쯤엔 사과 수확은 언제 하는지, 구입은 어떻게 하면 되는지를 물어오게 된다. 농부의 라이브방송이 얼마나 재미가 있어서일까? 하루하루 일상을 공유하여 라이브방송을 하는 주체와 그 방송을 보는 시청자 사이에 알게 모르게 성장 과정의 이야기를 함께하면서 서로의 삶 속으로 스며들어 가까워지게 되는 것 같다.

요즘 우수한 농산물에는 GAP인증을 많이 사용한다. 물론 인증을 받아 지속적인 안전한 농산물을 만들어 내는 것도 중요하다. 그렇지만 내 마당 작은 텃밭에서 농약 한 번 쓰지 않고 유기농으로 농사지은 것들까지 인증을 다 받는다는 건 현실적으로 어려움이 많다. 유기농 인증을 받고 판매한다면 더 좋겠지만, 농사짓는 과정을 오픈하고 '내가 이렇게 농사지었습니다.'라고 하면 인증보다도 더 큰 영향력을 미칠 수 있게 되는 듯하다. 그렇다고 인증이 필요없다고 하는 게 아니다. 어렵게 받은 인증은 소비자들에게 소개하기에 충분히 공신력을 가진다. 인증내용이 있다면 라이브방송할 때마다 인증내용을 구체적 설명과 함께 말하는 것도 아주 좋다. 인증내용이 있으면 적극적으로 활용하고, 인증이 없다 하더라도 걱정하지 않아도 된다는 이야기이다. 농장에서 생산되는 모습을 직접 라이브방송으로 보는 것이 신뢰 구축에 많은 도움이 된다고 생각된다.

가능한한 더 많은 SNS 활동을 해서 내 농산물을 소개하자. '나이 들면 시골 가서 농사나 짓지 뭐.'라며 호언장담하는 사람들이 있다. 막상 살아보면 여러 가지 어려움들을 겪게 될 수도 있지만, 그보다 더 큰 보람이 있는 게 시골의 삶이라 생각한다. 때맞춰 씨앗을 뿌려 정성 담아 농사지어 풍요롭게 거두면 재미지고 보람되고 수입도 늘려 갈 수 있게 된다. 예전 어르신 농부님들은 새벽에 나가서 별 보며 들어올 때까지 밭에서 정성과 노력을 쏟아야만 일등농부라도 칭찬하며 본받아야 한다고 했다. 하지만 요즘은 많은 부분 농기계로 할 수 있는 작업이 많아져 예전에 100을 다해 일을 했다면 이제부터는 농사에 70 쓰고 마케팅에 30을 써야할 때다. 아무리 잘 지은 농산물이라도 잘 팔리지 않는다면 그간의 고생은 헛수고가 될 수 있기에 잘 팔아야 하는 시기다. 팔아야 산다.

요즘 농부는 멀티플레이어가
되어야 한다

내가 처음 SNS에 발을 디디게 된 계기는 저온저장고에 팔지 못하고 남아있는 최상품의 사과를 보면서이다. 중저가의 사과는 고객들이 선호하는 가격과 맛을 잘 갖췄기 때문에 늘 제일 먼저 판매종료 되는데, 정작 맛있고 싱싱한 최상품의 사과가 고객에게 선택받지 못하고 저장고에 남아 있는 게 안타까웠다. 우리 과수원은 공판장에 나가지 않고 40여년 간 꾸준히 100% 농장 직거래를 해온 터에 단골 고객이 상당히 많은 편이다. 하지만 사과나무가 점점 커져 수확량이 증가함에 따라 고객을 확대해가야 할 필요성이 있었다.

2016년 당시 블로그 맛집 검색이 한창 인기를 끌었을 때쯤 검색창에 우리 과수원 이름을 검색해보니 아무것도 나오지 않았다. 전문가에게 맡겨 블로그 포스팅을 해야 하나 잠시 고민하던 때, 마침 김제시 농업기술센터에서 블로그 교육이 있다 하여 그해 겨울 2016년 12월에 블로그를 열어 포스팅을 시작했다. 그때 지은 닉네임이 바로 '신나는 농부다. 닉네임을 지을 때 고민이 많았다. 어떤 이름이 쉽게 기억될지, 부르기도 쉽고 쓰기도 좋고 남들에게 말하기도 좋은 그런 이름, 하지만 나와 전혀 다른 이름은 거부. 그러다 사람들이 나와 이야기할 때 즐거워하는 걸 보며 내가 늘 추구하는 게 즐겁고 신나는 삶이기에 '신나는 농부'라고 하기로 했다. 지금 와서 보니 옛말 틀린 게 없는 것 같다. 이름 따라 간다는 말이 딱 맞는 것 같다. 신나게 일하고 신나게 놀고, SNS가 나의 놀이터가 되었다. 거의 매일 영농일기를 쓰듯이 포스팅하고 작업할 때마다 사진을 찍어서 블로그에 올리니 차곡차곡 글들이 모였다. 이를 보시고 이듬해에 사과를 구입하고 싶다는 분들의 문의전화가 서서히 오기 시작되면서 방송국 작가님의 방송출연 제의도 받게 되어 방송에도 출연했다. 고객들이 점차 확대되고 외부에서 섭외연락이 계속되면서 블로그 포스팅하는 게 더 재밌어졌다. 낮엔 과수원에서 열심히 일하고 밤엔 낮에 작업하면서 찍어둔 사진들을 엮어 블로그 포스팅하고…. 한 달이 훅 가고 한 해 한 해가 훅 지나갔다. 피곤한 몸으로 포스팅을 하다 보니 깜빡 졸다가 그만 휴대폰을 얼굴에 떨어트리는 일이 자주 있었다. 학창시절에 졸면서라도 공부를 이렇게 열심히 했다면 어땠을지 생각하다가 실없이 웃고 만다.

농사를 짓다 보면 일년 내내 계속 바쁜 건 아니다. 시기에 맞춰 일을 해 놓으면 잠깐잠깐 내 시간을 활용할 수 있고 자유롭게 여가를 즐길 수 있는 것도 아주 매력적이다. 블로그로 탄력을 받은 SNS에 이어 유튜브까지 확장해 볼 생각으로 동영상 편집과 유튜브 채널을 운영하는 교육을 받았다. 농업기술센터에서 동영상을 찍고 그 영상을 편집해 유튜브에 업로드 하기 시작했다. 2018년 10월에 할로윈데이 펌킨을 배로 깎는 영상을 짧게 만들어 첫 업로드를 했다. 유튜브는 워낙 잘하는 프로들이 많아선지 내 영상이 그다지 빛을 보지 못했다. 그래도 한 명 한 명 구독자가 늘어가는 건 작은 기쁨과 보람을 안겨주었다. 유튜브에 한참 공을 들이다 보니 자연스레 블로그 포스팅 횟수가 줄고, 열정도 예전만 같지 못한 것 같아 뭔가 새로운 도약을 꿈꾸고자 김제 강소농 회원 중 8명이 모여 블로그 100일 쓰기에 도전하게 되었다. 누구의 압력으로 구성된 게 아니라 자발적으로 참여한 '블로그 100일 쓰기'는 다소 무모한 도전이 아니냐는 주변의 시각도 있었지만, 초심을 찾기 위한 농부들의 몸부림임에 틀림없었다. 매일 매일 카톡방에 포스팅한 걸 공유하면서 지치지 않게 서로를 응원하며 함께 100일을 완성했다.

직접 해보지 않은 분들은 이 느낌을 정말 모르겠지만 100일간 블로그를 써보니 꾸준함이란 게 정말 쉽지 않다는 걸 다시금 알 수 있었다. 무엇을 하든 가장 기본이 되는 건 꾸준함임에 분명한 것 같다. '블로그 100일 쓰기' 챌린지를 마치고 유튜브를 본격적으로 해보고 싶었다. 처음에는 동영상을 찍고 편집하는 일이 굉장히 재미있었지만, 30분 정도 찍은 동영상을 두 시간 이상 편집하는 일은 농부로서 만만치 않은 일이었다. 찍고 편집하는 일을 다른 사람이 해주면 좋겠다는 생각도 잠시 해봤지만, 시골 살림에 영상을 전문가에 맡겨서 제작하는 건 현실적으로 쉬운 일은 아니다. 비용도 만만치 않다. 비용을 투자해 그 이상을 얻는다면 투자할 가치도 있겠지만, 작은 시골 과수원에서 나오는 건 뻔한데 외주까지 두고 영상편집을 맡길만한 부르주아가 못 되다 보니 서툴고 투박해도 그냥 내가 하는 수밖에…. 영상을 찍을 때 담아내고 싶은 내 마음을 100% 이해하고 공감해 편집해 줄 수 있는 사람이 과연 있을지…. 그래서 1인 미디어가 필요하다. 나 혼자 영상 찍을 주제를 정하고 장소를 물색하고 어떤 컷들을 넣을지 고민하며, 일단 촬영에 돌입 촬영 후 두배 이상의 시간을 들여 편집하는 건 1인미디어의 장점이자 단점이다. 하지만 편집까지 혼자 다하는 건 엄청난 열정과 노력에 물리적인 시간까지 필요로 하는 거라서 지치기가 쉽다. 아주 품질 좋은 영상이 아니라도 편집에 공들인다 치면 두 시간은 기본으로 소요된다. 그렇게 되면 일상생활에 지장을 초래할 수 있게 되어 개그 콘서트의 유행어처럼 '소는 누가 키우노~'가 현실이 될 수 있다. 그래도 기술센터에서 무료로 배운 걸 잘 써먹기 위해 소소한 일상 영상을 찍고 간단한 편집을 통해 질보다 양으로 꾸준히 업로드했다. 배운 걸 잊어버리지 않으려는 나의 작은 노력이 있다는 걸 알아주길 바란다.

대부분의 영농인에게 마케팅 고민은 결국 돈 문제다. 그런데 페이스북 라이브방송의 가장 큰 매력은 돈 안 들이고 마케팅을 할 수 있다는 점이다. 물론 블로그나 유튜브만으로 가능하신 분은 그렇게 해도 좋지만, 페이스북 라이브방송은 특히나 편집과 업로드에 큰 어려움이 없으며, 방송하는 방법만 간단히 익히면 누구나 쉽게 돈 안 들이고 라이브방송을 할 수 있는 게 장점이다. 감히 내 경험을 섣불리 성공이라고 말할 수는 없지만, 분명한 건 조금씩 조금씩 한 발 한 발 앞으로 성장해가고 있다는 것이다. 할 수 있다면 우리는 멀티플레이어가 되어야 한다.

새로운 도전을 즐겨라

10년 전 스마트폰을 처음 사용할 때를 생각해보면 지금은 아주 용된 것 같다. 당시에는 카톡 보내는 것만으로도 신세계라 했는데, 특히 꾹~눌러서 복사해서 붙이는 건 아주 신박했다. 지금은 사진과 동영상을 보내고 카카오톡으로 쇼핑과 결제까지, 또 라이브방송까지도 할 수가 있으니 앞으로 더 얼마나 많은 것들을 손 쉽게 해줄 건지 기대가 되기도 한다.

이런 스마트한 세상에서 여러분은 모바일 스마트폰을 얼마만큼 사용하고 있나요? 저 역시 스마트한 세상에서 뒤처지지 않으려고 무진 애를 쓰고 있답니다. 학창시절부터 있는 듯 없는 듯 존재감 없이 조용히 지낸 나는 누가 먼저 알아보기라도 하면 얼굴이 먼저 빨갛게 달아오르기 시작하면서 얼음이 되곤했다. 표정도 경직되어 웃음기도 사라지고 말도 잘 못하던 그런 나였다. 그렇게 조용조용 살다가 결혼하고 아이를 낳아 키우며 시부모님들과 과수원 일을 하다가 기존의 방식에 스마트한 신문물을 도입해야겠다는 생각에 SNS 활용 교육을 본격적으로 배우기 시작했다. 그런 거 안 배우고도 그냥 하던 대로 할 수도 있었지만, 나도 모르게 대학교를 중퇴한 트라우마가 잠재해 있어서 더욱 억척스럽게 배운 것 같기도 하다. 아이들을 학교에 보내고 교육을 받으러 다니는 나를 보며 어떤 분이 "욕심이 많은 것 같다."라는 말을 내 앞에서 하셨다. 대수롭지 않게 들어넘겼다. 하지만 막상 집에 와서 계속 곱씹어 보며 '내가 정말 욕심이 많은 건가?' 스스로 돌아보았다. 곰곰이 생각해보니 틀린 말도 아니었다. 내가 부리는 욕심이 물욕도 아니고 교육에 대한 욕심인 게 얼마나 다행인가? 과수원 일도 열심히 도왔고, 아이들도 웬만큼 컸으니 나도 뭔가 독립적으로 할 수 있는걸 찾고 싶었다. 다행히 시부모님도 나의 배움에 대한 열정을 너그럽게 이해해주시고 응원해주시어 농사일에 지장을 주지 않는 범위 내에서 열심히 배우러 다녔다.

주경야독의 신개념 '주경야블'. 낮에는 농사일, 밤에는 블로그. 기술센터에서 블로그 교육을 받기 시작해 SNS를 활용한 다양한 기능들을 배우고 꾸준히 농장에서 활용하니 영역이 점차 확대되는 게 보여 보람을 느꼈다. SNS를 그냥 젊은 친구들이나 하는 거라고 생각하면서 외면했다면 지금의 나는 존재하지 못했을 것이다. 과수원집 며느리가 된 지 19년 차, 농사를 본격적으로 시작하게 된 건 12년쯤, SNS는 5년 정도 밖에 되지 않는다. 존재감 없고 자존감도 없고 극소심한 내성적인 내가 SNS를 활용한 라이브방송을 한다는 건 학창시절의 나를 잠시라도 봤던 친구들은 쉽게 믿을 수 없을 것이다. 나도 몰랐다. 내가 라이브방송을 하고 라이브커머스를 통해 상품을 SNS에서 팔 수 있다는 게 나 역시 믿어지지 않는다. 돌아보면 특별히 재능이 있었던 것도 아니고, 특별히 예쁜 미모를 가진 것도 아니며, 말을 세련되게 하는 것도 아니어서 방송 부적격일지도 모른다. 하지만 모든 악조건을 다 가지고도 그냥 했다. 생각해보니 무얼 시작할 때 늘 주변을 많이 의식해서 시작도 못하고 생각을 접었던 게 한두 번이 아닌 것 같다. 라이브방송을 시작하겠다고 마음먹고부터는 이런저런 못할 것 같은 부정적인 이유들은 아예 처음부터 싹을 잘랐다. 할 수 있는 방법을 찾다 보니 방법도 알게 되고, 열심히 하다 보니 주변에서도 많은 용기와 응원을 보내줘서 늘 신나게 방송하고 있다.

새로운 것을 시작하는 게 생각처럼 쉬운 일이 아니란 걸 안다. 하지만 요즘 같은 백세시대에 이 글을 읽고 계신 분들이라면 살아온 날보다 앞으로 살아갈 날이 더 많으실 걸로 생각된다. 앞으로 더 많은 것들을 손안에서 편리하게 이용할 수 있는 때가 올 것이다. 손쉽게 소비하는 것도 좋지만, 그만큼 손쉽게 SNS 세상에서 나만의 콘텐츠를 생산하게 된다면 하루하루가 얼마나 재밌고 신날지 상상할 수 있다면 지금, 바로 할 수 있는 것부터 시작하면 된다. 새로운 시작이 두려워 피하지 말고 당당히 맞서서, 한 발 앞은 아니어도 한걸음 뒤에서라도 시대의 흐름에 발맞추어 나갈 수 있도록 수용하는 마음을 가져보자.

지금껏 살아온 나의 과거는 누구에게도 부끄럽지 않고 자식들에게도 당당한 모습이었을 것이다. 그러나 사소한 스마트 기기 앞에서 과거에 당당했던 자신과 달리 위축되는 모습을 보이게 될지 모른다. 갈수록 빠르게 변화하는 비대면 시대에 예쁜 손녀에게 아이스크림을 하나 사주고 싶어도, 알바생이 주문을 받아주면 좋으련만 비대면 키오스크로 주문을 하는 시대가 되었다. 앞으로 더 많은 영역이 비대면으로 확장될 것이 눈에 선하다. 이제는 스마트폰으로 전화나 카톡만 주고받는 정도를 넘어, 소비재로만 사용하지 말고 나만의 콘텐츠를 생산해내는 도구로 사용해보자.

시작은 누구나 미약한 법이다. 첫술에 배부르지 않다. 천릿길도 한 걸음부터이듯 도중에 멈춰서지만 않는다면 한 달 후 일년 뒤에 내 안에 잠재하고 있던 그가 한마디 해줄 것이다. '그래 이렇게 서서히 성장하는 거야.'라고…. 그때가 되면 더 많은 것들을 할 수 있는 용기도 더 생기고 자신감과 실력도 갖춰지며 무엇보다 삶이 신나게 될 것이다. 스마트폰 하나로 삶이 재편성되는 새로운 기분도 느낄 수 있어 삶이 굉장히 의미 있음에 큰 보람도 느끼게 될 것이다. 부익부빈익빈. 그리 좋아하는 말은 아니지만, SNS 세상에도 부익부빈익빈이 존재한다. 스마트폰에서 카톡을 넘어서는 사람은 블로그, 페이스북, 유튜브, 인스타그램 등을 다 할 수 있다. 하지만 카톡에만 정체되어 있다면 더 놀라운 SNS 세상을 경험하지 못하게 되니 지금 바로 용기 내어 라이브방송을 시작해보시길….

라이브방송은 과수원집 며느리의 농부로서의 삶에도 많은 변화를 가져다주었다. 블로그 교육을 처음 받을 때만 해도 함께 교육받고 있는 교육생들끼리 서로 이웃을 맺어 서로의 블로그를 방문해 댓글 달기 연습도 하고 한 명 한 명 이웃을 추가해 매일같이 영농일기를 쓰듯 글을 올리며 블로그에 재미를 붙였다. 블로그 교육을 받는 교육생 중 나는 막내 정도의 나이였다. 다들 60대, 70대의 귀농하신 분들이 대부분이었고, 우리 아버님과 비슷한 연배의 교육생도 있었다. 교육 시간은 대체로 한여름에 일하러 가기 힘든 시간에 오전과 오후로 나뉘어 진행되었고, 오전에 일찍 농장일을 마치고 오후에 한낮 더위를 피해 기술센터에서 수업을 들으면 그런 천국이 없었다. 뜨거운 한여름 무더위를 피해 호텔에서 바캉스를 즐긴다는 호캉스들이 많을 때, 시원한 도서관에 가서 도캉스를 즐기는 사람들이 많을 때, 우린 기캉스를 즐겼다. 기술센터에서 바캉스를 한다 해서 기캉스. 기캉스라는 말로 유튜브 영상까지 만들 정도로 기캉스는 너무 감사한 존재였다. 시원한 에어컨 바람 맞으며 무료로 교육도 받고, 농가에 도움되는 SNS 활용 교육은 요즘 같은 비대면과 언택트가 확대되는 분위기에 당연히 배워가야 하는 필수교육이고 평생교육일 것이다. 그동안은 가족 구성원들에게 정성을 쏟느라 내가 진정으로 하고 싶었던 것들을 자의든 타의든 미뤄 왔다면, 이제는 나를 찾아 내가 진정으로 하고 싶은 것들을 찾아 배우며 삶을 신나게 살자. 스마트폰 세상에 대한 도전에 너무 쫄지 말자. 더 어려운 것들도 다 해내지 않았던가 스마트폰, 너 꼼짝 마라. 내가 너를 정복하겠다. 곧!

김제시 농업기술센터 정보화 농업인 교육(주경야독)

농업기술센터의 문턱이 닳도록

처음 블로그에 관심을 갖고 배워보고 싶다는 마음이 들었을 때 어디서 배울 수 있는지도 몰랐고 어떻게 시작하는지도 전혀 알수 없었다. 기술센터라는 게 있다는 건 알고 있었지만, 영농기술을 교육받거나 시험작물 재배 교육 같은 것만 배울 수 있는 곳으로 알고 있었고, 특별한 자격이 있는 사람들만 다니는 줄 알았다.

그러던 차에 2016년 겨울, 우연히 어느 모임에 갔다가 블로그에 관심이 있다는 이야기를 하니 기술센터 정보화 교육을 받아보라는 얘길 해주었다. 다음날 당장 기술센터에 전화해 정보화교육을 받고 싶은데 그곳에서 블로그 쓰는 걸 배울 수 있는지 문의했다. 그리고 겨울에 블로그 중급반이 예정되었으니 교육 일정에 맞춰 기술센터 정보화 교육장으로 오면 된다는 안내를 받고 설레기 시작했다. 몇 년만에 교육을 받는가 싶은 마음에도 설렜지만, 그보다 나도 나만의 블로그를 가질 수 있다는 것에 대한 설렘이 더 컸던 것 같다. 겨울

밤, 6시 정도부터로 기억되는데 교육이 시작되고 밤이 깊어질수록 정보화교육에 빠져들어 10시가 되는 게 아쉬울 정도였다. 인터넷에 나만의 공간을 하나 만들어 차곡차곡 이야기와 사진들을 담아내니 금세 보물창고가 된 듯 뿌듯하기까지 했다. 활동하는 닉네임을 '신나는 농부'라고 정하고 신나는 농장 이야기를 담아내며 신나는 일들을 만들어 내기 위해 더 열심히 포스팅을 한 것 같다. 기록하지 않으면 흔적조차 없이 사라지게 되는 일상들을 사진으로 글로 기록하는 일은 적어도 나에게는 아주 커다란 의미 있는 습관으로 자리 잡았다.

어딜 가든 무엇을 보든 일단 찍고 보자는 습관이 생기고 보니 '찍자생존'을 숨쉬듯 계속했다. 여러모로 서툴고 부족했지만 내가 갖고 있는 능력을 최대한 발휘할 수 있도록 계속 나를 훈련시킨다고 생각하며 거의 매일 블로그 포스팅을 했고 적어도 1주일에 3번 이상은 포스팅을 멈추지 않고 계속했다.

기술센터에서도 나의 노력이 기특했는지 전북농업기술원에서 전라북도 농업인 대상으로 사이버홍보단 '신농이 블로그 기자단' 활동을 추천해주었다. 한 달에 한 번씩 전북지역의 농가를 방문해 농가의 농산물과 활동들을 블로그를 통해 홍보해주는 재능기부 활동이었다. 다른 농가들을 다니면서 홍보도 하지만 벤치마킹의 기회도 되니 신농이 활동을 통해 견문과 지식을 넓혀보라는 의미가 아니었는가 싶다.
한 달에 한 번씩이라는 일정은 큰 부담이 되지는 않았기에 기꺼이 감사한 마음으로 임했다. 하루에 두 농가를 방문하여 취재 인터뷰를 하고 사진도 엄청 찍어서 1주일 안에 포스팅을 완료해야 했다. 각 시군의 지역 대표급으로 활동하는 거라 어깨가 살짝 무거웠지만, 추천해주신 선생님의 기대에 부응하기 위해 2018년부터 2019년까지 열심히 활동했다. 여러 농가를 방문하고 포스팅을 하다 보니 블로그가 더욱 풍성해졌고, 내가 쓴 포스팅을 보고 농가 소득에 도움이 되었다는 이야기를 전해 들을 때는 굉장히 보람이 컸다.

　어느덧 블로그 3년 차가 되고 초심을 살짝 잃어 갈 때쯤 이번에는 기술센터에서 농부들의 글쓰기 교육이 있다며 귀띔해 주시기에 나의 블로그를 리셋할 타이밍이라 생각하고 냉큼 신청했다. 전북지역의 농부들 30여 명이 모여 SNS 글쓰기 교육을 받기 시작해 한 달에 두 번씩 선생님이 내주시는 숙제를 완성하다 보니 여러 이유로 한 명씩 출석하지 못하더니 결국 13명만 남게 되었다. 물론 그 13명 안에 나도 있다. 농업기술원에서 농사지으면서도 교육에 열심히 참여해준 농부들에게 13명이 함께 합본집을 만들어 보자 하여 박차를 가해 글을 써 열 꼭지씩 모아 한 권의 책을 내게 되었다. 함께한 농부들은 인생에서 가장 큰 선물을 받은 것 같이 감동하고 기뻐하고 벅찬 마음을 진정시키기 힘들었다. 농부들의 글쓰기는 삶을 대하는 마음가짐을 다시 잡기에도 많은 도움이 되었고, 가장 큰 건 역시 블로그의 글이 조금 나아졌다는 것과 페이스북의 짧은 글도 예전에 비해 군더더기 없이 깔끔해졌다는 것이다. 사람은 죽어서 이름을 남기고 호랑이는 죽어서 가죽을 남긴다고 했는데, 농부는 무엇을 남길까? 종자를 남기는 것도 의미 있겠지만, 책을 남기는 건 어떨까 싶다. 합본집을 내보니 이 글들을 기반으로 영상을 제작해 보고 싶은 생각이 들었다. 그때 마침 또 기술센터에서는 동영상 편집 교육을 준비하고 신청을 받았다. 어찌 내 마음을 아시고…. 다행히 6월 말 배봉지 씌우기 작업을 끝낸 후에 교육이 편성되어 한여름 더위를 피하기에도 안성맞춤이었고, 그해 여름 엄청난 무더위가 계속될 때 나는 기술센터에서 기캉스를 하며 동영상 편집 교육을 받을 수 있었다.

영상을 찍고 편집해 유튜브 채널에 업로드 하는 일은 무척 신나고 재미있는 일이었다. 생각한 것들을 영상으로 제작한다는 것은 마치 영화감독이 된 것 같은 기분이 들어서 갈수록 완성도 있는 영상을 만들고 싶었다. 더 많은 시간을 들여 촬영해야 했고 그보다 더 많은 시간을 들여야 편집을 할 수 있었다. 한 시간 촬영하면 3시간 정도 공들여야 5분 영상이 완성된다는 건 농사 지으면서 병행하기에 너무 부담스러운 일이었다. 그러다 보니 영상은 그렇다 치고 편집에 많은 시간과 노력을 기울이지 못하니 속된말로 '삐까번쩍한' 영상은 안 나오고 구독자도 그리 많이 늘지 않는 것 같다. 유튜브를 계속할지 말지를 고민하던 차에 기술센터에서 이번에는 생산자 1인 방송 라이브 커머스 교육이 있으니 꼭 참석하라는 연락을 받았다. 역시 기술센터 문턱이 마르고 닳도록 다닌 보람 있는 순간이다. 라이브방송이라니, 그것도 혼자 하는 1인 방송. 듣자마자 솔깃해져 교육장으로 달려갔다. 그때가 2019년 3월, 그날 김현기 교수님을 처음 만나게 되었다.

그해 3월과 4월 두 달간 주 2회씩 라이브방송 교육을 받았고 각자의 스타일에 맞는 방송명을 지어보기도 했다. 정년퇴직 후 귀농하시어 광활에 감자밭을 일구시는 농부님은 '광활댁'이라는 이름으로, 귀농해 천년초 농사를 지으시는 농부님은 매일 천년초 가시에 찔린다며 '매일 가시 박히는 남자'로, 그래서 늘 우비와 고무장갑 착용 후 작업을 할 수 있다고 한다. 이 외에도 2019년 10여 명이 함께 교육을 받았다.

어느덧 마지막 수업이 있는 날. 그동안 라이브방송 연습한 걸 기반으로 최종에는 본인 상품을 직접 판매하는 라이브커머스를 진행하기로 하고 농장에서 나오는 팔 수 있는 것들을 가져오게 하셨다. 감자를 캐 오신 분도 있었고 냉동오디를 가져오신 분도 계셨고, 천년초를 직접 따오고, 액기스를 가져오신 분들도 있고…, 나는 배즙을 가지고 왔다. 아직 수확 전인 상품은 예약주문을 받기도 하고, 나름 라이브방송, 라이브커머스가 첫 방송이라 큰 의미를 두고 현재 판매하는 가격에 20~30% 할인된 금액으로 판매하기로 했다. 결론부터 얘기하자면 첫 라이브커머스로 준비해간 물량은 완판 방송이 끝나고도 주문이 계속되어 추가 물량을 할인 금액으로 보내드렸다.

어느 날 갑자기 가져온 상품으로 판매하는 일은 무척 어렵다. 평소 블로그와 페이스북으로 내가 하는 일을 계속 포스팅하고 끊임없이 소통해 존재감을 알리기 위해 노력한 결과가 라이브커머스 판매로 이어지게 된다. SNS는 그저 카톡만 할 줄 알던 내가 지난 5년여 시간 동안 기술센터 문턱이 닳도록 다녀 얻은 성과라고 해도 과언은 아니다. 기술센터에서만 배운 SNS 활용기술들을 기반으로 재밌고 즐겁게 살다 보니 5년 전과는 전혀 다른 신나는 농부로 살고 있다. 시부모님과 과수원 일하고 평범한 시골 농부의 아내로만 살기엔 뭔가 심심했다. 심심하던 매순간순간 기가 막힌 타이밍으로 기술센터는 나를 불러 세웠고 다양한 교육들을 통해 활동할 수 있는 영역을 넓혀주었다. 지역에 있는 농업기술센터의 문턱은 높지 않으니 필요한 교육이 있다면 반드시 배워서 하고자 하는 일에 한 발짝 더 가까이 갈 수 있기를 바란다. 센터 문턱이 닳도록….

f Live Commerce

쉼 없이 배우고 배운 건
반드시 해보자

마흔의 나이, 불혹은 세상일에 정신을 빼앗겨 판단을 흐리는 일이 없는 나이라고 한다. 그런데도 세상일에 정신을 많이 뺏겨 나이 마흔에 나의 길을 가보겠노라며 시작한 SNS 교육. 과수원의 규모와 시설의 현대화는 당장 실현하기 어려울 것 같고, 워낙 선도농가들이 많아 경쟁력이 떨어지니 지금 내가 할 수 있는 일부터 해보기로 하고 시작하게 된 게 SNS이다.

처음 블로그를 배울 때 밤마다 블로그를 쓰는 훈련을 하고 습관이 될 수 있도록 보이는 모든 걸 스마트폰으로 찍고 기록했다. 사실 이처럼 배운 건 반드시 써먹어야 한다는 압박감을 나도 모르게 갖게 된 계기가 있다. 대학교에 다닐 때 등록금이 없어 잦은 휴학을 하고, 등록금이 마련되어 다시 복학하면 그 돈만큼의 배움을 스스로 못 얻은 것 같은 자책감을 느꼈다. 그때 이후 나도 모르게 나만 아는 주홍글씨를 새긴 건 아닌지…. 공부에만 전념할 수 없는 여건도 있었지만, 당시 나 스스로가 생각했을 때 대학교 교육과는 잘 안 맞는 것 같았다. 이솝우화에 나오는 '여우와 신포도'일 수도 있다. 노력해서 안 되는 건 뭔가 안 되는 이유나 핑계를 찾아 합리적 포기를 하는 것으로 나를 위로한 것도 같다. 하지만 그땐 그게 나름 최선이었고 선택에 후회는 없다. 나중에 기회가 되면 반드시 복학하겠다 했지만, 이미 그 길과는 한참이나 멀리 와 버리고 말았다. 그때 슬쩍 합리적 변명으로 빠져나온 것 같은 죄책감이 있어서였는지, 나이 마흔에 새로운 걸 배운다는 결정에는 나의 20대를 만회하고 싶은 마음도 작용한 것 같다. 시작했다 하면 끝을 봐야겠다는 마음으로 열심히 내게 주어진 일들을 즐겁게 하려고 한다. 중학교 다닐 때 교실 칠판 옆에 붙어있던 급훈 '하면 된다'. 그때는 '하면 된다'의 의미를 크게 공감할 수 없었는데, 지금은 살짝 이해되려고 한다. 될 때까지 꾸준히 하면 안 되는 일이 없다는 것, 될 때까지 하면…, 된다.

아이들이 학교에 입학하게 되면서 학부모가 되니 학교 운영위원을 맡게 되었다. 학교예산의 편성과 집행 과정을 보면서 우리가 낸 세금으로 아이들이 예산 범위내에서 교육을 받고 건강하게 성장할 수 있도록 하는 행정상의 과정을 경험하게 되었다.

학교뿐 아니라 농업기술센터의 교육도 그렇다. 교육을 받았으면 응당 배운 걸 마구마구 활용해야겠구나 싶다. 농업기술센터의 농업인 관련 교육은 거의 무료로 진행된다. 당장 내가 수업료를 안 낸다고 안일하게 불출석을 일삼거나 교육 과정을 불성실하게 임했다면 경고! 그리고 교육과정을 이수했다면 농장에 활용하여 거듭날 수 있어야 한다. 국회에서 국민의 혈세를 낭비하는 국회의원을 보고 화가 난 적이 있다면 본인은 더더욱 그러면 안 될 것이다. 많은 예산을 편성해 농업인들에게 수준 높은 교육을 무료로 받게 해주는데, 부끄러워서 못하겠다, 익숙지 않아서 못하겠다, 귀찮아서 못하겠다, 몰라서 못 하겠다…, 이밖에도 수많은 이유들로 지금 할 수 있는 것들을 미루기만 한다면 잠시 자기반성이 필요하다. 그렇다고 너무 긴 시간 자책하지는 말고, 잘 못하게 되는 현상에 대해 해결방법을 모색해야 한다. 익숙하지 않다면 익숙해질 때까지 처음부터 다시 하면 된다. 귀찮아서 못하겠다고 하면 본인 농산물을 판매하고 싶지 않다는 건가? 요즘같이 스마트폰으로 못 하는 게 없는 이때, 내 농산물들 홍보해서 완판시켜 봐야 하지 않겠는가?

마케팅을 외부에 맡겨 고액의 마케팅 비용을 감당할 수는 없는 일이다. 농사지어 차 떼고 포 떼면 남는 게 없다는 말은 진짜다. 거기에 홍보 마케팅 비용까지 감당하며 판매를 하는 건 아니라고 본다. 농업기술센터에서 몇 가지 기본적인 교육을 받으면 약간 센스 있는 분들은 금세 갖고 놀 정도가 된다. 배움의 속도가 조금 더디더라도 꾸준히 스마트폰을 갖고 놀다 보면 어느새 또래의 친구들 중에 SNS를 제일 잘하는 소위 '인싸'가 될 수도 있다. 처음 배울 때보다 더 쉬워지고 더 간편하게 되어있으니, 하고자 하는 마음이 조금이라도 있다면 때를 기다리지 말고 지금 바로 내가 할 수 있는 것부터 꾸준히 해보자. 농사를 콘텐츠로 유튜브 채널을 운영해보겠다는 도전정신은 칭찬해 주고 싶다.

지금 현재 활동하고 있는 농업 분야의 유튜버들 중에는 물론 본인이 촬영하고 편집하는 유튜버들도 있지만, 촬영과 편집을 담당해주는 분들이 따로 있는 유튜버들도 꽤 많다. 그 수준에 맞춰 혼자 편집하고 촬영하면 농사는 누가 지을 건가? 굳이 고퀄리티의 작업이 필요하지 않은 영상을 만들어 업로드 하는 것도 재미있는 일이다. 영상으로 영농일기를 기록하다 보면 블로그보다도 더 생동감이 있고 박진감도 있다.

나의 경우 페이스북으로 라이브방송한 영상을 다운받아 전체 영상에서 자르고 붙이는 작업을 한다. 그다음 처음부터 끝까지 같은 자막으로 하단 부분에 처리해 유튜브에 업로드하고 영상을 캡처해 블로그를 쓰기도 한다. 일타삼피? 이렇게 한 개의 영상을 세 곳에 활용이 가능하다. 내가 잘할 수 있는 게 세 가지 정도여서 그렇게 하는 것이지 더 많은 곳으로 확장할 수도 있으니 돈 안 드는 일이니 배워서 꼭 해보시길 권한다. 처음부터 쉽지는 않겠지만 많은 시간 노력을 기울여 훈련을 하다 보면 분명 멋지게 해낼 수 있을 것이다. 아기가 태어나 걷기 위해 얼마나 많이 넘어지고 부딪혀 두 발로 걷게 되는가? 나이가 많아서 못한다고, 젊은 사람들만 하는 게 SNS라고 생각하지 말자. 약간의 시간을 투자하고, 몇 번 넘어져도 보고, 두 발로 일어설 수 있을 때까지 급하게 마음먹지 말고 여유 있는 마음으로 될 때까지 해보는 거다. 빠른 결과물을 얻기를 바라지 말고, 영농일기 쓰는 기분으로, 자서전을 쓴다는 기분으로 접근하면 좋을 것 같다. 누구하고 비교하며 스트레스를 받을 일은 아니니, 잘하고 있는 사람의 방송을 자주 보다 보면 배울 점들이 있고 고칠 부분도 보일 것이다. 그러니 조급해하지 말고 지금부터 조금씩 꾸준히 해보자. 필요하면 계속해서 배우고 완전히 익숙해질 때까지 계속 반복해 배우고 반드시 내 삶에 반영해보자.

學而時習之不亦說乎(학이시습지 불역열호아)?
(배우고 때때로 익히면 기쁘지 아니한가?)

라이브방송이 그렇다. 배워서 익히면 이것만큼 재미있는 게 없다. 유튜브 영상 하나 만드는데 걸리는 시간을 라이브방송에 투자해 보라. 첫 방송이 어렵지 그다음부터는 술술~. 일단 많이 해봐야 한다. 배운 건 반드시 해봐야 아는 법. 본인 계정으로 라이브방송을 하고, 농장에서 일할 때도 방송하고 수확할 때도 방송하고… 시도 때도 없이 내 마음대로 하다 보면 방송도 익숙해지고 라이브커머스까지도 어렵지 않게 가능할 것이다.

3장

라이브방송 지금
바로 시작하기

f Live Commerce

페이스북으로
라이브방송 시작하기

페이스북 앱을 활용해 라이브방송을 하려면 일단 본인 휴대폰에 페이스북 계정이 확인되어야 한다. 페이스북 가입 여부를 확인하는 방법은 휴대폰의 앱스 검색창에 가서 페이스북을 검색하여 확인하는 것이다. 페이스북 아이콘이 검색된다면 페이스북이 설치되어 있는 것이고, 검색이 안 된다면 구글 플레이 스토어에 가서 페이스북 앱을 설치하면 된다. 대부분은 휴대폰 개통 시 구글 계정으로 연결되어 계정은 있지만, 활용을 못했을 수도 있으니 확인 후에 계정을 다시 설정하면 된다. 주변에 휴대폰을 잘 아는 분이나 휴대폰 대리점에 방문해 약간의 도움을 받으면 바로 해결할 수 있는 부분이니 큰 어려움은 없을 것이다.

사실 초등학생 이상 아이들은 누구나 쉽게 할 수 있으니 손주의 고사리손 찬스를 이용하면 아주 쉽게 해결된다. 30대 이상 연령은 SNS를 활용하는 강의를 듣고서야 SNS를 활용해 쓸 수 있지만 요즘 아이들은 태어나면서부터 "엄마, 아빠" 다음으로 하는 말이 "폰"이다. 그러다 보니 아이들은 정말 너무 쉽게 잘 활용하고 습득능력도 엄청 빠르다.

페이스북 가입이 되어있는지 잘 모르겠는데 다른 사람들의 포스팅을 계속 봐왔으며 가끔 댓글도 달고 '좋아요'도 눌러왔다면 나름 활성화가 되어있는 것으로 보면 된다. 하지만 나의 프로필에 사진도 없고 정보도 없으며 포스팅 글도 없었다면 계정의 활성화를 위해 사진과 글을 올리면서 새로운 친구들의 친구요청도 수락하는 등 친구 확대를 위한 노력을 해야 한다.

페이스북은 거의 친구의 친구를 통해 친구요청이 들어오는 경우가 많다. 친구요청이 들어왔을 때 함께 아는 친구가 몇 명인지도 알려준다. 또 친구요청을 보내온 사람의 프로필을 검색한 후 그 사람의 기본정보를 확인하여 친구 요청을 수락하면 그때부터 서로의 소식을 주고받을 수 있는 친구가 된다. 또한 내가 친구 맺기를 희망하는 사람이 있다면 페이스북 상단에 위치한 검색창으로 가서 사람을 검색한 후 관련 정보를 확인하여 친구 맺기를 할 수도 있다.

거의 모든 SNS가 그렇지만, 페이스북은 더욱더 기본적인 요소가 소통이다. 그 사람의 안부가 궁금하거나 나의 소식을 친구들에게 전하기에 가장 최적화되어있다고 볼 수 있다. 여기에 약간 과장을 붙이면 "페이스북 친구끼리는 밥공기가 몇 개인지, 어디가 아파 병원에 다녀왔는지도 휴대폰만 보면 알 수 있는데, 옆집에 사는 이웃의 근황은 알 수 없다."라는 이야기가 심심치 않게 나오기도 한다. 그만큼 스마트폰의 활용으로 멀리 있는 친구의 근황은 집에서도 편하게 확인이 가능한 시대인 것이다.

그동안 페이스북 친구들의 포스팅에 방문해 눈팅만 해 왔다면 이제는 '좋아요'도 누르고 댓글도 달면서 소통을 하는 게 좋다. 하지만 무조건 '좋아요'를 누르다가는 관계가 서먹해질 때가 있으니 글을 충분히 읽어보고 정말 좋은 일인지 슬프고 화나는 일인지를 판단하고 표시를 하는 게 좋다. 활성화는 페이스북 상단에 돋보기 모양의 검색창에 본인 농장이름이나 본인이름을 검색했을 때 노출이 되는지 안 되는지로 알 수 있다. 별도의 비용이 드는 것이 아니니 검색 시 노출이 될 수 있도록 사진 포함 간단한 글을 꾸준히 올리는 게 좋다. 간혹 페이스북을 다른 사람의 사생활과 안부를 보는 도구로만 사용하는 사람들이 있지만, 라이브커머스를 하기 위해선 다른 사람과의 소통만큼 중요한 게 나의 이야기를 담아내는 것이다. 많은 사람들과 친구를 맺고 소통하면서 지내고 싶다면 먼저 나에 대한 정보들을 하나씩 올리는 게 중요하다. 프로필 사진부터 본인 사진으로, 만약 본인 얼굴 노출이 부끄럽다면 생산하는 작물 사진이나 농장 사진도 일단은 괜찮다. 하지만 라이브커머스를 하려면 본인 사진으로 프로필을 변경하는 것이 상호 존중과 소통에 있어 서로에게 믿음을 주는 작은 행동이 될 것이니 가급적 본인의 사진으로, '뽀샵'(포토샵) 말고 진짜 자신의 진솔한 사진이면 농장에서 일하는 작업복을 입고 있어도 좋다.

프로필에 본인 사진이나 농장사진으로 설정을 완성했다면 정보란에 나는 어디서 무얼하는 사람인지에 대한 간단한 정보를 올려주는 게 좋다. 또 블로그나 유튜브 채널이 있다면 그 정보도 같이 올려주면 홍보에 도움이 될 것이다. 세계를 넘나드는 SNS 세상에 나를 알리고 브랜드화 하는 공간을 하나 갖게 되었다고 생각해보자. 매일매일 청소도 하고 깨끗한 공기가 들어올 수 있게 문을 열고 환기도 해주며, 좋은 글과 따뜻한 사진으로 꾸며 새로운 친구들과 관계를 형성하는 노력을 게을리하지 않아야 한다. 그래야 공간이 점차 확대되고 더 많은 사람들이 드나들게 될 수 있을 것이다. 프로필은 언제든 수정이 가능하니 계절의 변화에 따라 바꿔 가는 것도 좋고, 프로필 아래에 나를 설명하는 공간도 언제든 필요에 따라 변경하는 것이 좋다.

그렇게 프로필도 완성하고 본인 계정에 사진과 글로 포스팅하고 있다면, 이제는 본격적으로 라이브방송을 시작하기 위한 페이스북을 자세히 알아보기로 하자.

페이스북 아이콘을 누르고 들어가면 상단 왼쪽으로 페이스북 로고가 있고, 상단 오른쪽으로는 돋보기가 그려진 검색 아이콘이 있으며, 그 옆은 메신저 아이콘이 있다.
왼쪽 상단에 있는 돋보기 그림은 검색의 대표 아이콘이다. 네이버도, 인스타도, 카카오톡뿐만 아니라 온라인 쇼핑을 비롯한 모든 모바일 및 컴퓨터에서 공통으로 사용하는 아이콘이다. 그러니 어느 앱이든 들어가 궁금한 게 있거나 검색할 게 있다면 돋보기 아이콘을 눌러 검색할 단어를 찾아보자. 정보를 얻을 수 있다. 검색창에 찾아볼 내용을 쓰고 돋보기를 터치하면 다시 모두, 게시물, 사람, 그룹, 이벤트, 사진, 동영상으로 세부검색을 할 수 있는 탭이 나오니 원하는 내용을 찾아보면 된다.

상단 제일 오른쪽에 번개 그림이 들어간 말풍선은 메신저 아이콘이다. 카톡처럼 페이스북 친구끼리 대화를 나눌 수 있는 창이지만, 메신저를 사용하려면 페이스북 메신저 앱을 별도로 깔아야 한다. 물론 별도 다운로드 결제 비용은 없다.

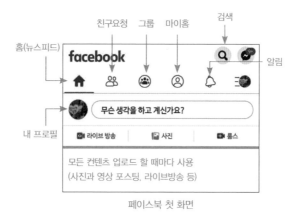

페이스북 첫 화면

그리고 바로 아래 두 번째 줄 왼쪽부터 홈, 친구, 그룹, 마이홈, 알림, 메뉴 탭들이 순서대로 있다.

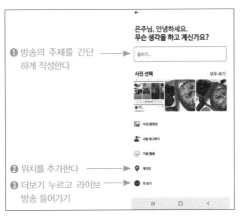

① 방송의 주제를 간단
　하게 작성한다

은주님, 안녕하세요.
무슨 생각을 하고 계신가요?

글쓰기...

사진 선택　　　　　　　모두 보기

사진/동영상

사람 태그하기

기분/활동

② 위치를 추가한다　　　　　제3인

③ 더보기 누르고 라이브　　　더 보기
　방송 들어가기

포스팅 준비 화면

　먼저 집 모양의 홈 탭은 바로 아래 나의 프로필을 보여주며, '무슨 생각을 하고 계신가요?'라고 언제든 포스팅할 수 있는 준비가 되어있다.

　이 상태에서 '무슨 생각을 하고 계신가요?'라고 써 있는 부분을 터치하면 글을 쓰고 사진·동영상을 추가할 수도 있는 새로운 창이 생성된다. 네모 칸 안의 글쓰기를 클릭하여 간단한 글을 쓰고, 최근에 찍은 사진들 중에 포스팅하기 원하는 사진과 동영상을 골라 올릴 수가 있다.

　예전에는 올릴 수 있는 사진의 장수가 제한이 있었지만, 요즘은 거의 제한이 없이 올리고 싶은 사진을 장수에 제한 없이 올릴 수가 있다. 이왕이면 주제와 관련된 사진들을 하나의 포스팅으로 올려 주제를 구분하는 게 관련된 내용을 검색하여 들어온 사람들에게도 유익한 정보를 제공할 수 있으니 좋을 것이다.

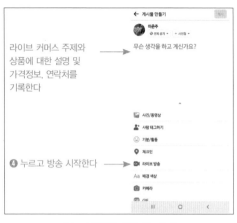

라이브 커머스 주제와
상품에 대한 설명 및
가격정보, 연락처를
기록한다

❹ 누르고 방송 시작한다

글쓰기 클릭후 생성되는 화면

사진과 관련된 사람을 태그하는 친구태그를 사용해 같이 묶을 수도 있다. 친구태그를 하면 그 사람의 포스팅에도 관련 글과 사진의 포스팅이 업로드 되어 알림과 댓글을 함께 볼 수가 있다.

원하는 글쓰기 작업을 한 후 위 캡처 화면에서 보이는 하단의 탭들을 활용하면 포스팅이 더욱 짜임새가 있게 된다. 하단의 맨 왼쪽 연두색의 그림에 아이콘은 사진이나 동영상을 첨부할 수 있는 아이콘으로 원하는 사진과 영상을 업로드 할 수 있다. 바로 옆의 파란색 사람 모양에 태그가 붙여진 아이콘이 바로 친구태그 아이콘이다.

또 하단 중앙에 노란색 스마일 그림은 내 기분을 표시하는 아이콘이다. 표정 아이콘을 누르면 기분과 활동의 탭이 다시 생성되어 그날의 나의 기분에 따라 '행복해요, 난처해요, 상쾌해요, 인간적이에요'

등 굉장히 다양한 기분이 있어 다채롭게 표현할 수 있으니 가끔 활용해 보는 것도 좋다.

  활동 탭에 들어가면 '축하하는 중, 여행 중, 독서 중…'등 다양한 활동을 표시할 수도 있다. 하단의 아이콘 중 네 번째 빨간색 아이콘은 위치를 추가할 수 있는 기능이 있으니 포스팅과 관련된 장소를 체크인하여 위치 추가하는 것이 좋다. 내 농장을 체크인하기 위해서는 농장을 등록해야 하는데, 휴대폰 환경설정에 내 위치를 켜놓았다면 위치검색으로 현위치를 추가할 수도 있다. 그런데 위치추가에 들어가 내 농장 이름을 검색창에 쓰고 검색하여 내 농장의 주소와 일치하면 그곳을 클릭하여 등록하면 되지만, 내 농장 주소가 아닌 다른 지역의 상호가 나온다면 아래쪽에 '+(플러스)' 버튼을 눌러 내 농장을 추가하면 된다. 새로 만들게 되면 '맞춤 장소 만들기' 창으로 가게 되어 장소 이름과 주소, 도시를 선택할 수가 있다. 그리고 그 아래 맵 위치 지도가 현재 나의 위치를 기준으로 생성되니 안내에 따라 천천히 순서대로 등록하면 된다.

  위치 등록을 마치면 다음 포스팅부터는 등록된 나의 위치가 뜨게되니 활용하기에 아주 좋다. 더불어 내 프로필 아래에 라이브방송과 사진, 룸스 탭이 바로 뜨니 간편하게 사용할 수가 있다.

  하단 제일 오른쪽 동그라미 안에 점이 가로로 세 개가 그려진 게더보기 버튼이다. 더보기를 누르면 세로로 정렬이 재배치되어 '사진·동영상, 사람 태그하기, 기분·활동, 체크인, 라이브방송, 배경색상, 카메라, GIF, 추천요청, 판매하기, Q&A열기'가 뜨게 된다. 라이브방송과 짧은 글의 배경색상을 고를 수도 있고, 즉시 촬영을 할 수도 있으며 GIF를 클릭하여 짧은 영상을 사용할 수도 있다.

한편 추천요청은 재미로 해봐도 되지만 판매하기를 클릭하는 건 커뮤니티를 이용한 판매전용 공간이라 제대로 사용을 하려면 유료결제가 필요한 부분이다. 직접 농사지으면서 다품종소량생산 하는 농업인은 굳이 사용할 것까지 없다고 생각된다. 하지만, 꼭 하고 싶고 필요하다면 제시된 페이스북 비즈니스 상거래정책을 꼼꼼히 확인한 후 금지된 콘텐츠와 제한된 콘텐츠를 관련 규정에 위배되지 않게 이용하면 된다.

상거래정책 커뮤니티와 페이지를 이용하면 확실한 홍보와 마케팅 효과는 있지만 일정 부분의 수수료가 발생하니 참고하는 게 좋다. 농업인이라면 일상 포스팅과 라이브방송을 활용한 수수료가 없는 직거래가 답이 될 것이다.

자, 이제부터 라이브커머스를 위한 라이브방송에 실전으로 들어가는 과정을 함께 하기로 하자.

라이브방송 하기 전 꼭 확인!!

❶ 폰 화면은 가로나
자동회전으로 설정

❷ 방해금지 설정

화면에서 라이브방송을 터치하면 라이브방송을 시작할 수 있다. 상단에 내 프로필 사진과 이름 아래쪽에 공유범위를 설정하는 버튼이 있는데, '전체공개, 친구만, 제외할 친구, 특정 친구, 나만 보기' 등을 설정할 수 있지만, 라이브방송의 목적은 더 많은 사람에게 나와 내 농장의 농산물을 홍보하는 게 목적인 만큼 모든 방송은 전체공개로 해주는 게 좋다.

라이브방송 시작하기 전에 화면설정에서 가로나 자동회전으로 설정하는 것과 방해금지모드를 켜기가 완료된 후 페이스북으로 들어오는 것 또한 잊어서는 안 된다. 방송이 시작된 후에는 화면설정과 방해금지 설정이 어려우니 혹시 깜빡했다면 페이스북을 나가서 다시 설정 후 들어와야 한다.

라이브방송을 클릭하면 나오는 화면

☑️ 방송을 마친 후에는 반드시 방해금지모드 해제할 것

중간 부분에 "설명을 추가하려면 누르세요."라고 써있는 글이 보이게 된다. 페이스북은 늘 이렇게 다정하게 물어보며 진행하니 설정하

고 싶은 부분들을 세세하게 설정하면서 진행하면 된다.

설명란에는 라이브방송의 주제를 써 주는 게 좋고, 라이브커머스를 진행하게 된다면 상품에 대한 간단한 설명과 판매대상의 크기 및 가격을 써 주는 게 좋다. 방송을 보고 궁금한 게 생기면 댓글로 질문하시는 시청자들도 있지만, 대부분 실시간 방송보다 저장된 영상으로 보는 분들이 많으니 문의할 수 있는 전화번호를 써주는 걸 추천한다. 시청자가 다시 계좌번호를 묻지 않게 입금계좌번호를 적어 주는 것도 판매방송에서는 필요한 부분이다. 하지만 계좌번호 노출이 고민이 된다면 굳이 쓰지 않고 주문해주시는 분께 별도로 계좌번호를 안내해도 좋다. 간단한 설명까지 쓴 후 상단에 완료 버튼을 누른 후 파란색 바탕의 라이브방송 시작하기를 누르면 라이브방송을 시작하는 중이라는 안내가 잠시 나온다. 방송이 본격적으로 시작되는 건 왼쪽 상단에 빨간색 바탕으로 'LIVE'라는 글자를 보면 알 수 있다.

라이브방송이 진행되는 동안 화면 상단 왼쪽의 라이브는 계속 켜있게 된다. 방송을 마치려면 화면 하단 가장 오른쪽에 위치한 종료 버튼을 누른다. 그러면 영상을 HD업로드 한 후 '지금 게시' 버튼을 누르고 나면 다시 30일 후 삭제와 삭제 안 함 둘 중 하나를 선택하라 한다.

종료된 방송 영상은 내 휴대폰에 동영상으로 저장되는 게 아니라 페이스북 플랫폼에 영구적으로 남게 된다. 내 휴대폰의 저장 공간

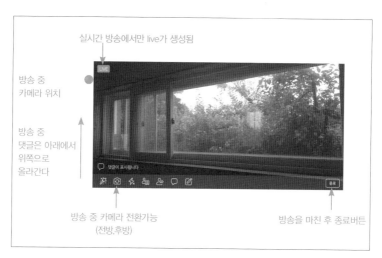

실시간 방송에서만 live가 생성됨

방송 중
카메라 위치

방송 중
댓글은 아래에서
위쪽으로
올라간다

방송 중 카메라 전환기능
(전방·후방)

방송을 마친 후 종료버튼

라이브방송이 진행되는 화면

용량을 차지하지 않고 영구 저장할 수 있으니 '삭제 안 함'을 선택하면 된다. 그리고 나면 방송영상은 업로드를 마친 후 동영상으로 확인할 수가 있다. 이후에 시청하게 되는 방송영상은 화면 상단 왼쪽에 라이브가 없어진 채로 동영상으로 남게 된다. 라이브방송 중 빨간색 라이브 버튼 옆에 실시간으로 시청하고 있는 사람의 숫자가 표시되기도 하지만 방송을 클릭하지 않고 보는 사람도 있으니 실시간 시청자의 숫자를 민감하게 반응하지 않아도 된다. 라이브방송을 하다 보면 실시간 시청자가 많이 들어와서 댓글도 달아주고 소통이 활발하게 이뤄져야 방송하는 재미도 나고 신나서 할 수 있는 게 사실이다. 하지만 숫자 뒤에 가려진 시청자도 있음을 기억하고 절대 쫄지 말자. 자신감을 갖고 기분 좋게 진행하시길 권한다.

라이브방송을 진행하는 동안 화면 하단에서는 실시간 시청자들의 댓글을 확인할 수가 있고, 댓글은 아래에서 위로 올라가게 된다. 방송 중 시청자가 들어오면 "〇〇님이 시청중입니다."라고 뜨게 되는데, 이때 시청자의 이름을 부르며 인사를 나누는 것이 라이브방송을 더욱 활발하게 할수 있는 요소가 된다.

한편 방송 중에 화면 하단에 구성된 버튼들을 활용할 수가 있다. 왼쪽 첫 번째 버튼은 꾸미기 버튼으로, 여러 가지 스티커들의 효과를 이용해 방송화면에서 나의 얼굴을 재미있게 꾸밀 수가 있다. 단 라이브커머스로 상품을 소개하는 영상에서는 사용을 자제하는 게 좋다. 나중에 상품을 받아보고 방송에서 봤던 그림과 다르다는 지적을 받는 불미스러운 일에 휘말릴 수도 있다. 그러니 상품 소개 시에는 사용하지 않고 일상 브이로그를 방송할 때 한 번씩 해보는 건 말리지 않겠다.

두 번째 카메라 그림 안에 화살표가 둥글게 두 개가 있는 버튼은 화면전환 버튼이다. 보통 라이브를 진행할 때는 셀카 모드로 방송을 하는 경우가 많지만, 상품을 더 가까이에서 클로즈업시키거나 상품의 로고나 문자를 보여주고 싶을 때는 셀카모드 시 거꾸로 보인다. 따라서 화면을 전환하여 전면 카메라로 보여주는 게 좋다. 방송 중 화면전환 버튼을 이용해주면 시청자들의 이해도도 높일 수 있게 되어 전달 효과가 좋아진다. 화면전환은 천천히 해주는 게 좋고 이동 시에도 천천히 이동하면서 방송하는 게 시청자들의 시각적 피로도를 낮출 수가 있다.

방송으로는 바로 보임

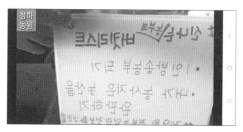
거꾸로 쓰는 방송용 글씨판

세 번째 버튼은 플래시 사용 버튼으로 필요시 사용할 수 있지만, 방송을 준비하는 과정에서 눈부심이 적은 조명을 따로 구비하는 게 좋다.

세 번째 버튼 옆에 있는 건 '함께 방송하기' 버튼으로, 방송 중에 함께 방송하기 요청이 들어올 수도 있다. 함께 방송하는 게 큰 의미가 있다면 해보는 것도 좋지만, 함께 방송하기를 시작하면 오디오 송출이 급격히 저하되어 소리가 반으로 줄어드니 서로의 목소리가 잘 들리지 않게 된다. 가급적 혼자 방송하는 게 좋을 것이다. 방송 중 댓글을 확인하거나 방송하는 사람이 댓글을 달 수도 있지만, 라이브방송이니만큼 말로 답하는 게 좋고, 방송을 마친 후 필요시에 답글을 달아주는 것도 좋은 방법이다.

여기에서 잠깐 페이스북 라이브 정책을 살펴보도록 하자.

☑ 페이스북 라이브 정책

페이스북은 데이터 정책, 커뮤니티 규정과 서비스 약관의 모든 내용은 페이스북 모든 사용자에게 적용된다. 회원은 자신의 콘텐츠가 모든 관련 법률, 규칙 및 규정을 준수하는지 확인할 의무가 있다.

☑ 라이브 진행 시 금지되는 사업 모델

라이브를 진행할 때 영상이 실시간이 아닌 경우 해당 영상이 실시간이라도 사용자에게 오해를 불러일으키면 안 된다. 가령 1년 전에 진행된 이벤트 영상을 현재 진행하는 것처럼 표현하는 경우가 이에 해당한다.

농사를 짓다 보면 주기적으로, 계절적으로 반복되는 내용들이 있지만, 전에 사용한 영상을 실시간으로 사용하지 말고 새로 라이브방송을 진행하면 된다. 작년과 비슷한 내용이 될 수도 있겠지만, 해마다 조금씩 다를 수 있기에 새로운 라이브로 진행하기를 추천한다.

또한 부정확한 위치를 설정하는 경우에도 사용자에게 오해를 불러일으킬 수 있다. 예를 들어, 내 농장에서 하는 라이브의 위치설정을 청와대로 하거나, 외국의 어느 리조트를 설정할 경우 마치 청와대 만찬장에 가서 방송하거나 리조트에 가서 하는 것 같은 오해를 초래할 수 있다. 따라서 위치를 설정할 때는 정확한 위치로 설정하는 게 좋다. 그리고 라이브 진행 중 사전녹화 분량의 영상이 있다면 사전촬영 영상임을 반드시 표기해야 한다. 그래픽을 추가할 경우에도 사전 녹화영상임을 꼭 표시해야 하는 점을 숙지해야 한다.

☑ 제한된 콘텐츠 참고

- 커뮤니티 규정을 위반하면 안됨
- 성인용품
- 주류
- 동물
- 신체부위 및 체액
- 디지털 미디어 및 전자기기
- 차별
- 문서, 통화, 금융상품
- 도박
- 위험한 물질 및 재료
- 인신매매 및 성적서비스
- 섭취 가능한 보조제
- 채용 기회
- 의료 및 건강식품
- 오해의 소지가 있거나 폭력적이거나 혐오스러운 품목
- 판매할 제품 없음
- 처방 제품, 마약, 마약 관련 용품
- 지나치게 성적인 제품
- 리콜된 제품
- 도난당한 물품
- 제3자의 권리 침해
- 담배 및 관련 제품 무기, 탄약, 폭약

  (출처 : 페이스북 커뮤니티 이용정책)

본인이 업로드한 포스팅이 어느 날 갑자기 보이지 않는다면 위 조항 중에 해당되는 게 있는지 살펴보고 위의 내용들은 절대 올리면 안 된다는 점을 참고하면 좋을 것이다.

농업인들은 직접 농사지은 1차 농산물을 직거래로 소개하는 경우가 많을 것이다. 다행인 건 특별히 직거래에 대한 규제가 아직은 없어서 전자 상거래를 하기 위한 통신판매업 신고가 되어있지 않아도 농산물 직거래는 라이브커머스가 가능하다. 하지만 페이스북에서도 페이지나 스폰서 상거래에 정식 등록하여 라이브커머스를 하려면 통신판매업신고가 되어있어야 할 뿐만 아니라 홍보 도달에 따라 비용을 결제해야 하고, 수수료에 대한 부분도 있으니 참고하는 게 좋다. 다품종 소량생산하는 농업인들은 라이브방송으로 많은 사람들과 소통을 하고 직거래를 할 때는 반드시 결제 확인 후 물품을 발송하는 게 좋다. 개인 간의 직거래로 인한 피해는 페이스북에서 절대 책임지지 않으니 개인 간 거래 시에 평소 소통이 잘 되어온 사람이라면 모를까, 거듭 확인한 후에 거래를 진행하는 게 좋다.

다시 한번 강조하고 싶은 건, 라이브방송을 시작하기 전에 반드시 스마트폰 상단에 있는 환경설정에 들어가 화면전환을 해야 한다는 점이다. 가로나 자동회전으로 설정하고, 카메라의 위치는 가로로 두었을 때 왼쪽으로 오게 해야 한다. 그래야 보는 사람도 편하고, 나중에 라이브방송영상을 다운받아 편집할 때도 가로로 되어있어야 편집화면이 꽉 차서 작업하기가 수월해진다. 세로로 맞춤 설정되어 있으면 방송 중에는 가로로 변경이 안 되니 깜빡하고 세로로 설정이 되어있는 상태에서 라이브방송을 시작하게 되었다면 그 방송은 처음부터 끝까지 세로로 하는 게 좋다. 방송이 시작되고 중간에 가로로 억지로 눕혀도 카메라는 절대 전환이 되지 않으니 방송 전에 자동회전 변경을 꼭 확인해야 한다. 방송 중에 전화가 오거나 카톡이 울리고 문자 알림이 뜨면 대략 난감의 상황이 벌어지게 되니 방송 중에 다른 알림을 차단하는 '방해금지모드'를 반드시 설정한 후에 방송을 시작하는 게 좋다. 간혹 '비행기모드'를 켜고 방송을 하는 분도 있는데, 와이파이가 잘 잡히지 않아서 방송화면도 고르지 않고 방송상태가 원활하지 않게 되니 사용하지 않는 게 좋다. '방해금지모드'는 지금 내가 사용하는 일에 방해를 받지 않게 알림을 차단하는 모드지 문자나 카톡을 못 오게 하는 건 아니다.

방송 종료 후에는 반드시 '방해금지모드'를 꺼야 걸려오는 전화와 카톡, 문자 알림을 받을 수 있다. '방해금지모드'를 깜빡하고 끄지 않고 있다가 며칠 전화를 못 받았다는 분이 있었다. 그분은 결국 휴대폰 대리점에 가서야 '방해금지모드'를 끄고 며칠 동안 전화가 오지 않은 원인을 해결할 수 있었다고 한다.

평소에 전화가 자주 오지 않는 사람도 방송만 하려면 연락이 오는 경우가 있으니 라이브방송에 방해가 되지 않게 방송 전 세 가지를 꼭 확인하고, 방송을 마치고도 세 가지는 원상태로 세팅해 두어야 혼란을 줄일 수 있다.

첫째, 자동회전, 둘째, '방해금지모드' 확인, 셋째, 방송은 반드시 '가로'로 하는 습관을 가져야 한다. 이 세 가지는 라이브방송 전후 반드시 체크해야 하는 부분이니 완전히 몸에 익숙해지도록 매번 확인하는 게 좋다.

라이브방송을 하고 나면 페이스북에서는 내 계정에 동영상으로 남겨준다. 이 영상을 다운받아 불필요한 부분들을 잘라내고 편집하여 유튜브 채널에 업로드하는 방법에 대해 알아보자.

일단 구글 플레이스토어에 들어가 '페이스북 동영상 다운로드'를 검색해 어플을 설치해야 한다. 페이스북의 내 프로필에 들어가 방송 종료한 영상으로 들어가 오른쪽 상단에 있는 점 세 개(더보기)를 클릭 후 맨 아래 링크복사를 누른다. 미리 깔아둔 페이스북 동영상 다운로드 앱으로 들어가면 자동으로 링크 복사한 게 붙는다. 무료로 사용할 수 있는 앱이다 보니 광고가 붙지만 3~5초 후 링크 복사한 영상이 자동으로 다운로드가 되니 잠시 광고를 봐주시는 센스.

다운로드가 완료되면 본인이 자주 사용하는 동영상 편집 앱으로 들어가 영상을 받아 편집하면 된다. 자르고 붙이고 자르고 붙여 간단한 자막과 음악도 잔잔하게 넣어 동영상 편집을 완료하면 유튜브 채널에 업로드까지 완료. 동영상을 따로 찍어서 편집하지 않아도 라이브방송한 영상을 편집해 바로 올릴 수 있으니 도랑 치고 가재 잡는 일타쌍피. 농업인들은 농사를 소홀히 할 수 없고 SNS도 잘 활용하

고 싶어라 한다. 라이브방송을 편집해 유튜브까지 활용할 수 있으니
페이스북 라이브방송은 농업인의 SNS 활용에 큰 도움이 된다.

라이브방송 영상을 다운로드 후 키네마스터로 편집

　라이브방송을 할 때 스마트폰 하나와 스마트폰을 거치할 수 있는
셀카봉이 가능한 삼각대가 있으면 훨씬 안정감 있게 방송을 할 수가
있다. 2~3만 원대의 무겁지 않은 걸 구입하는 게 좋다. 물론 거치대
없이 방송을 할 수도 있다. 그런데 후면카메라로 상품과 농장을 보여
주는 것은 큰 문제가 되지 않지만, 셀카모드로 내 얼굴이 비칠 때 클
로즈업이 되어 방송하는 나도 부담스럽고 보는 시청자도 간혹 부담
스러워할 수 있으니 웬만하면 셀카봉 삼각대는 반드시 하나 구입하
는 게 여러 사람에게 좋을 것이다.

　방송에서 나를 비추는 카메라 위치는 얼굴과 어깨가 걸쳐지는 클
로즈업보다는 가슴 부위까지 보이는 바스트 샷이나 허리까지 보이는

웨스트 샷을 추천한다. 상품을 소개할 때는 상품을 타이트하게, 가깝게 클로즈업으로 잡아서 방송하는 게 좋다. 뭘 시작할 때 '장비빨'이 먼저인 사람이 있는데, 삼각대를 처음부터 고가로 구입할 필요는 없고 2~3만 원이면 충분히 훌륭한 가격이다. 너무 저렴하고 가벼운 거치대를 사용해보니 휴대폰 무게를 감당하지 못하고 고꾸라지는 문제가 있었다. 물론 실내에서 책상 위에 올려놓고 사용하는 데엔 큰 문제는 없을 것이다. 하지만 우리는 농장에서, 작업현장에서 울퉁불퉁 흙과 풀 사이에서 방송해야 하므로 2~3만 원대 정도는 되어야 한다는 거다. 더 좋은걸 구입해도 나쁘진 않다는 건 두말할 필요도 없겠지만….

　나의 경우 처음 라이브방송을 여기저기서 마구마구 하다가 잃어버리게 되어 2년 만에 세 개째 구입해서 쓰고 있다. 지금 사용하는 건 일 년 넘게 사용해왔고, 하도 험한 곳을 다니다 보니 다리도 한쪽이 삐끗하여 세워둘 때 섬세한 집중력이 필요하게 되었다. 하지만 가장 오랜 시간 함께 해와서 그런지 여러모로 사용하는 게 편하고 정이 들어서 조금 지저분해도 우리의 역사가 담긴 물건이라 생각하며 늘 함께한다.

　며칠 전 배밭에 트랙터로 로터리 작업을 하다가 뭘 하나 발견했는데, 재작년에 구입해서 5일 쓰고 잃어버린 셀카봉 삼각대였다. 5일 만에 잃어버렸으니 얼마나 허탈하고 황망하던지 차 안을 구석구석 몇 번이나 살피고 집안도 다 뒤집고 찾아도 안 나오더니만, 배밭에서

망가진 채로 발견된 걸 보니 나와의 인연은 딱 거기까지였나 보다.

　하고자 하는 이야기는, 처음부터 고가의 장비를 구입했다가 잃어버려도 안타깝고, 너무 값비싼 장비라 함부로 못쓰고 곱게 모시고 다니기만 해도 안 된다는 것이다. 라이브방송이 익숙해질 때까지 '장비빨'에 현혹되지 말고 나 자신을 라이브방송에 적합하게 훈련시키는 일에 집중하도록 하는 게 먼저다.

이보다 더 쉬울 순 없다.
나도 한다 라이브!

페이스북 계정을 활성화하고 라이브방송을 시작하는 것까지는 아주 기본적인 과정으로 여러 번 연습하다 보면 곧 익힐 수 있는 부분이고, 이제부터가 진정한 라이브세계로 들어가는 중요한 관문이다.

라이브방송 시작하기 버튼을 누르면서부터는 이제 온전히 방송이 시작되고, 이 방송은 전 세계로 동시송출 된다. 본인을 믿고 이제부터는 자신의 스타일대로, 쫄지 말고 온전히 1인 방송인으로 방송을 리드해 가면 된다. 스마트폰으로 방송할 때는 전면카메라와 후면카메라를 선택할 수 있으니 방송 시작 전에 전면으로 할지 후면으로 할지를 정한 후 시작하면 훨씬 좋다. 물론 방송 중에 전면, 후면을 바꾸면서 방송할 수도 있으니 필요에 따라 조정하면 된다. 하지만 일단 라이브방송과 친해지려면 전면카메라(셀카모드)로 방송을 하는 게 좋다. 방송 시작 전 셀카모드로 카메라 세팅을 완료한 후 화면 중앙에 나의 얼굴이 잘 보이는지를 꼭 확인해야 한다. 머리 위 공간을 너무 띄우는 건 좋지 않은 카메라 앵글이니 너무 많이 빈공간이 생기는 건 피하도록 한다. 가슴 부분까지 잡힐 수 있는 바스트샷이나 허리 부분까지 잡히도록 방송을 하면 신뢰를 쌓기에도 좋다고 한다. 이왕이면 카메라 중앙에 오는 게 좋고, 농장을 소개하거나 상품을 소개할 때는 화면의 오른쪽에 나의 얼굴이 오게 한다.

배경이나 상품이 왼쪽으로 보이게 화면을 구성하는 게 시청자와 방송 중 댓글 확인에도 용이하다. 방송 중 댓글이 왼쪽 하단에서부터 올라오기 때문에 왼쪽에 올라오는 댓글을 수시로 확인하면서 방송을 진행하는 게 실시간 소통에 유리하다. 댓글이 없을 때도 있지만, 댓글이 많이 올라오면 먼저 들어온 댓글들이 왼쪽 상단으로 사라지게 된다. 무시하지 않고 못 읽은 댓글은 왼쪽화면을 아래쪽으로 드래그하면 먼저 올라간 댓글도 확인할 수 있다. 물론 방송이 끝나고 나서도 댓글 순서대로 남아 있으니 방송 중 대답을 못한 답글은 방송이 끝난 후 답글로 달아도 된다.

일단 방송을 시작하면 화면 왼쪽 상단에 빨간색으로 'LIVE'라고 표시가 되는데, 그때부터 라이브가 본격적으로 시작되는 거다. 빨간 LIVE가 표시되기 전까지는 준비시간으로 보면 된다. 이때 필요한 소품들도 챙기고 왼쪽으로 있는 카메라에 상품을 가까이 비춰보기도 하면서 동선을 체크해 주는 것도 좋다. '라이브' 표시된 걸 확인하면 이제부터 페이스북에서 알림설정을 해둔 친구에게는 알림이 가고, 우연히 지나가는 길에 라이브방송을 보러 들어오는 사람도 있을 수 있으니 친절하게 인사를 나누면 된다. 대체로 나와 친구인 사람들이 들어오지만, 전혀 처음 보는 이름과 프로필이라고 잘 모르는 사람을 강조해서는 자칫 멀어질 수도 있으니 "○○○ 님이 시청 중입니다."라고 왼쪽 하단에 표시가 되면 반갑게 인사하는 게 라이브방송의 기본 예의다. "○○ 님 안녕하세요."라고 인사하고, 방송에 대한 설명을 천천히 해주는 게 좋다. 혼자 하는 1인 방송은 특히나 방송 중 시선 처리가 아주 중요하다.

나를 보고 방송하면 시청자와 눈 맞춤이 안 됨

카메라를 보고 방송해야 시청자와 눈 맞춤이 가능

라이브방송 중 나의 얼굴이 잘 나오는지 체크하느라 화면에 비친 나와 눈 맞추며 방송을 하면 시청자의 입장에서는 다른 사람을 보고 방송한다며 슬쩍 들어왔다가 나가버리게 된다. 물론 그 이유로만 나가는 건 아니지만, 1인 방송은 시청자와 내가 눈을 마주하고 방송이 진행되어야 한다. 스마트폰 카메라가 왼쪽으로 오게 하고, 방송하는 이유도 카메라를 보면서 올라오는 댓글을 확인하기 쉽도록 하기 위함이다. 라이브방송에 보이는 나를 보면서 방송하는 게 아니라 왼쪽에 가 있는 카메라를 보는 게 시청자들과 아이컨택 하며 방송하는 각도가 된다. 그러니 카메라를 바라보는 연습은 충분히 하는 게 좋다. 카메라의 위치가 너무 낮아서 아래에서 나를 비추고 있다면 나의 시선도 문제지만 턱이 넓게 보이니 너무 아래에 두고 방송하는 건 피하도록 하자. 또한 카메라를 내려보면서 방송을 하면 시청자가 보기에 내려깔고 본다는 생각을 할 수도 있으니 주의하자.

그렇다고 카메라를 너무 위쪽에 두고 고개를 쳐들어야 볼 수 있는 앵글도 좋지 않다. 사람을 내려보는 것도 기분이 별로지만 올려보는 것도 기분이 좋을 리 없다. 내 눈높이에 맞추되 15도 정도 살짝 올려 볼 수 있는 각도로 카메라를 보는 걸 추천한다. 사람에 따라 다를 수 있지만, 눈을 맞추면서 얼굴도 V라인으로 보이면 좋지 아니한가? 카메라 앵글은 방송을 진행하다 보면 내 얼굴이 더 잘 나오는 각도를 찾을 수 있게 되니 차차 찾아가면 된다. 1인 라이브방송은 일단 카메라를 보면서 방송하는 게 제일 중요하다. 하루에 몇 번을 연습해도 누가 뭐라 하지 않으니 방송이 몸에 익숙해지도록 끊임없는 훈련을 계속하자. 남들 눈치보지 말고 나의 길을 가는 거다. 뭘 하든 내가 하고 싶어서 해야 하고, 내가 재미있어야 오래 즐기면서 할 수 있다. 내가 누구 좋으라고 라이브방송하고 라이브커머스를 하는지를 잘 생각해보자. 그 중심에 내가 있어야 하고, 나의 농장, 나의 농산물이 있으면 더 신나서 할 수 있게 될 것이다. 세상을 급속하게 변화되고 있는데 찾아오는 고객님들로만 만족하지 말고 SNS를 활용해 라이브커머스로 직거래를 확대해가자. 라이브방송 시작하는 거 그리 어렵지 않고 몇 가지 과정만 충실히 이행하면 내가 하고 싶은 이야기를 라이브방송으로 할 수 있다. 게다가 나의 농산물도 많이 홍보하고 더 나아가 판매까지 이어질 수도 있다.

예전에야 방송 한번 하려면 수많은 촬영장비들과 스탭들이 있어야만 가능했지만, 요즘은 스마트폰 하나로 언제 어디서나 라이브방송이 가능하다. 이 편하고 스마트한 세상에서 방송도 해보고, 내가 좋아하는 음식 내가 좋아하는 곳을 다니며 라이브방송도 한다. 내가 맘만 먹으면 대동강 물도 라이브커머스로 팔 수 있다는 각오로 즐겁고 신나게 해보길 바란다.

페이스북으로 라이브방송을 처음 하는 거라면 아무리 마음을 다잡고 스스로 용기를 북돋워 준다 해도 부끄럽기도 하고 두렵기도 하고, 여러 가지 고민하는 부분이 있을 것이다. 그래도 시작해 보자. 나 역시 2019년 라이브방송을 교육받을 당시만 해도 지금처럼 이렇게 주목받게 될지는 상상도 못했다.
이쯤 되면 내가 궁금해져서 페이스북 검색으로 나의 라이브방송을 찾아본 사람이 있을 것도 같다. 찾아봤다면 알 수 있듯이, 나란 사람은 지극히 평범한 사람이고 눈에 띄게 예쁜 미모를 소유하지도 않았으며, 패션 감각도 별로인 데다 화장도 거의 하지 않는다. 이쯤 되면 뭘 믿고 그렇게 라이브방송을 해대는지 몹시 궁금할 수 있다. 내가 처음 라이브방송을 시작할 때는 내 농산물들 내가 원하는 가격으로 제철에 판매하는 게 목표였다. 그런데 가을이나 되어야 사과, 배를 따고 판매 방송을 할 수 있는데, 초반에 너무 힘 빼는 건 아닌가 싶기도 했다. 매일 하는 농장일이 특별할 것도 없어서 어느 날엔가는 별로 하고 싶지도 않았는데, 화목 라이브방송이라고 타이틀을 내건 탓에 억지로 방송을 했던 적이 있다. 20여분 동안의 방송을 마치고 저녁을 준비하고 있을 때, 지도해주신 김현기 교수님께서 전화를 하셨다.

"무슨 일 있어요?"

"아니요. 왜요?"

"그런데 방송을 왜 그렇게 합니까? 하기 싫어서 하는 거 안보일 것 같습니까? 다 보입니다. 사람들이 그 방송 보면서 그런 기분까지 전달받아야겠어요?"

정확한 워딩은 아니지만, 대략 내용이 이랬던 것 같다. 따끔한 충고에 머리가 번쩍했다. 내가 좋아서 시작한 라이브방송이지만 언젠가 슬럼프도 올 수 있고, 한두 번 해보고 나서 별 효과도 없는데 계속해야 하는지 의문이 생길 수도 있다. 하지만 그런 고민은 방송 100번 정도 하고 나서 해야 하는 고민이지 이제 막 라이브방송을 하기로 마음먹고 배우기로 한 사람의 고민거리라고 하기엔 사치다. 적어도 1주일에 2회 이상 100번 정도 해본 후에 방송에 대한 깊이 있는 방향성을 고민하는 게 좋다. 그렇게 해보았더니 작은 변화가 생기고 더 많은 기회가 생겨 이렇게 라이브커머스에 대한 글까지 쓰게 되었다.

　처음 라이브방송을 시작할 때도 그랬지만 나는 라이브방송이 참 재미있다. 학창시절 못해 본 게 아쉬움으로 남아서 더 열심히 하는 건지도 모르겠지만, 너무 신나고 재밌다. 그렇다고 사실 내가 라이브방송을 아주 잘한다고 볼 수도 없다. 지난 2년 넘는 시간 동안 훈련이라 생각하고 열심히 해온 것이지, 사실 나보다 방송을 훨씬 잘하는 사람이 더 많다. 다만 꾸준히 해온 작은 습관이 오늘의 나를 만들어 준 것이다. 나는 앞으로도 라이브방송을 지금보다 조금 더 잘할 수 있도록 꾸준히 훈련하고 배워서 계속 신나게 해 갈 생각이다. 라이브방송한다고 돈 들어가는 것도 아니고 하루하루를 일기 쓰듯 영상으로 남기는 일은 나에게 굉장히 의미 있는 일이 되었다. 여러분은 나보다 더 예쁘고, 말도 잘하고, 다재다능함이 확실하니 더 잘할 수 있을 것이다. 일정 수준에 오를 때까지는 무한 반복해야 한다. 주변의 핀잔은 한 귀로 듣고 한 귀로 흘리시라. 페이스북 라이브방송 시작 단계까지 숙지했다면, 자, 이제 함께 라이브방송 시작 버튼을 터치하고 시작해 보자.

- 자동회전과 방해금지모드 확인
- 카메라의 위치를 왼쪽, 가로 방향
- 전면카메라로 할 건지 후면카메라로 할 건지 확인
- 방송의 주제를 설명란에 간단하게 기록
- 라이브방송 시작을 터치
- 방송 시작
- 라이브방송을 마친 후에는 전화를 받기 위해 반드시 방해금지모드를 해제하는 걸 잊지 말아야 한다.

◆ 방송하기 참 쉽지요~
◆ 이보다 더 쉬울 순 없다. 그래서 나도 한다. 라이브방송!

은밀하게 위대하게,
보여주고 싶은 걸 보여줘라

잘 정돈된 농장이라면 큰 문제가 되지 않겠지만, 가끔 작업현장에서 라이브방송을 하다 보면 굳이 보여주지 않아도 좋을 것들까지 보여주는 경우가 있다. 그래서 방송 전 카메라를 고정한 배경을 잘 체크해야 하고, 방송 중 카메라가 이동할 때 보이는 부분들이 정리가 안 되었다면 보이지 않게 화면을 이동하는 게 좋다.

2019년 라이브방송을 하던 초기에 교육 기간을 끝내고 4월부터 주중 2회 이상 라이브방송을 하다 보니 어느날 텐션이 업 되어 주방에서 매력점 배(좋은 상품배에 점박이가 하나씩 있어 본인이 붙인 이름)를 이용해 불고기를 만드는 라이브방송을 진행한 적이 있다. 한창 바쁜 배 수확시기에 매력점 배를 한 상자라도 더 팔고 싶은 마음에 배를 이용해 요리를 하기로 한 것이다. 많은 재료가 들어가지 않아도 되어 불고기와 고추장 간장 양파에 배를 채 썰어 요리하며 라이브방송을 진행하는 것에만 집중해 요리과정에 신경 쓰며 방송하다가 한 시간여 뒤에 방송을 마친 후 저장된 영상을 보고 깜짝 놀랐다. 너무 지저분한 주방의 구석구석이 적나라하게 담겨져 이 영상을 삭제할까 말까 생각하다가 다시 그런 실수를 하지 말아야 한다는 각오로 삭제하지 않고 그대로 남겨 두었다. 나의 역사적이고 의미있는 흑역사다.

2019년 10월의 어느 멋진 날, 난잡한 나의 주방이 궁금하다면 페이스북에 들어가 어렵지 않게 영상을 찾아 볼 수 있을 것이다. 이렇게 하면 안 된다는 기준을 제시해 둔 거니, 라이브방송을 진행할 때 주변 정리 후에 진행하면 좋겠다. 아닌 것을 연출하라는 게 아니라 시골에서 농사를 짓다 보면 보기 좋은 것도 많지만 굳이 보여줘서 불편하게 만들 필요가 없다는 것이다. 농업인 라이브방송의 가장 큰 매력은 있는 그대로를 보여줄 수 있다는 것이지만, 감추고 싶은 부분까지 다 보일 필요는 없다는 것이다. 은밀하게 위대하게, 내가 보여주고 싶은걸 보여주는 게 좋다. 우리 과수원은 인공수정을 하지 않고 100% 자연수정을 통해 꽃이 수정되는데, 말로만 하는 것보다 꽃이 피는 시기에 직접 배밭으로 나가 벌들이 비행하는 걸 담고 윙윙 날아다니는 소리를 asmr로 들려주는 게 더 확실한 전달이 된다. 꽃이 필 때는 늘 과수원에서 배꽃, 사과꽃 속에서 라이브방송을 하는데, 해마다 기후여건이나 개화 시기가 조금씩 다르다 보니 늘 새롭기만 하다. 직접 농사짓는 농부도 신기한데 도시민에게는 얼마나 경이로운 순간이겠는가? 그 순간을 그대로 담아 라이브방송을 진행하고 영상으로 남기는 건 위대한 일이다. 다른 분야에 비해 농업에 대해선 특히나 자료가 많지가 않다. 지금 내가 하는 소소한 일들을 영상으로 기록하는 것이 미래농업인에게 자료가 될 수도 있으니 얼마나 위대한 작업이 아닌가? 농부로서, 건강한 먹거리를 국민에게 제공하는 생산자로서 책임과 의미를 갖는다면 혼자 하는 라이브방송을 계속할 타당한 이유가 생기게 된다. 웬만한 정보들은 인터넷 검색과 유튜브로도 찾아볼 수 있지만, 지금 내가 있는 이 농업현장에서 이 작물을 농사짓는 사람은 오직 나 하나뿐이다.

'가장 개인적인 것이 가장 창조적이다.'

이 말은 지난해 영화 기생충을 제작해 세계적인 아카데미 시상식에서 수상한 봉준호 감독의 인터뷰 중에 나온 이야기다. 세상에 존재하지 않았던 오직 단 하나의 영상을 만들어내는 우리는 잠재적 창조 예술인이고, 우리 삶을 제작하는 감독이다. 모든 작업을 혼자 다해야 하지만 나의 이야기를 담아낸다는 건 누가 해줄 수 없는 영역이고, 충분히 혼자 할 수 있는 작업이다. 배꽃 봉오리가 움트기 전, 바짝 웅크리고 있다가 점점 통통하게 부풀더니 갑자기 내린 서리에 마치 슈가 파우더를 뿌려 놓은 것 같은 모습은 직접 보지 않은 사람은 상상도 못할 아름다움이다. 그 순간을 놓치지 않고 담으면서 차가운 새벽바람 맞으며 라이브방송을 해보면 알게 된다. 그저 그렇게 하찮게 봐오던 내 주변의 소소한 풍경들이 얼마나 아름답고 예쁘고 경이로운지를….

꽃봉오리가 올라오면 '꽃이 어떻게 피는지'로 당연히 이어져야 하고, 꽃이 수정을 마치면 꽃잎이 떨어지고 꽃받침 위에 수정된 열매가 점점 크는 과정으로 연결된다. 이후 계속 성장 과정을 담고, 수확하여 맛보는 것과 포장하는 장면까지 라이브방송을 한다면 정말 완벽한 배의 한 해 살이를 보여주는 셈이어서 구입하려는 소비자와 귀농귀촌하여 농사를 지으려는 사람들에게도 좋은 정보가 된다.

물론 스스로 셀카모드로 카메라 앞에 선다는 건 정말 엄청난 용기와 도전이 아닐 수 없다. 평소에 스마트폰으로 사진과 동영상을 많이 찍는 사람도 나 자신을 담고 나 스스로 라이브방송을 한다는 건 쉽지는 않을 것이다. 그래서 나는 더 열심히 한다. 나 같은 사람도 라이브방송을 2년 넘게 해왔는데, 나를 보며 용기를 내는 데 도움이 될 수 있기를 바라며…

처음에는 주 2회 화요일과 목요일에만 해서 화목라이브방송이라고 이름을 붙였지만, 요즘은 거의 매일 방송을 하고 하루에 두 번 이상 할 때도 있어서 '매일 라이브방송하는 신나는 농부'라고 인사를 한다. 방송을 너무 훌륭하게 해서 매일하는 게 아니다. 계속 연습하면서 라이브방송을 더 잘할 수 있게 훈련하는 것이다. 어느 날 갑자기 라이브커머스를 하면 과연 누가, 몇 명이나 반응을 보일지 생각해 보았는가? 내 농산물은 품질이 좋고 맛도 좋고 영양까지 아주 좋으니 판매방송 하면 대박날 것이라고 굳게 믿는 분들이 있다. 물론 나왔다 하면 완판으로 대박 나는 상품들도 있긴 할 것이다. 하지만, 대부분은 준비가 필요하다. 라이브커머스를 위해 평소에 라이브방송으로 방송 연습도 하고, 되도록 많은 친구를 두고 서로의 글에 '좋아요'도 누르고 댓글도 달면서 소통하고, 관계를 유지·확장해 가는 게 좋다.

농작물의 생산과정에서는 보여줄 수 있는 것들은 다 보여주고, 은밀하게 가려두기도 하며 내가 전하고 싶은 걸 진솔하게 담아내면서 라이브방송을 하면 된다. 내가 내 농산물에 자신감을 갖고 방송하는 건 아주 중요하다. 본인 스스로 농산물에 믿음이 없는데 어떻게 소비자들에게 믿음을 줄 수 있는가. 방송의 기교가 믿음을 쌓는 게 아니다. 자신을 믿고 자신감을 장착하여 진솔하고 성실하게 방송을 하나하나 해나간다면, 시청자들이 점점 늘어나고 방송을 기다리는 사람들도 생기게 될 것이다. 나에게는 하찮고 너무 익숙하고 별것도 아닌 일이라 생각할지 모르지만, 자부심을 갖고 친절하게 방송을 하다 보면 배꽃이 하얗게 만개할 때 배를 먹고 싶다는 생각이 들도록 만들 수 있다. 더 자주 더 많이 나를 내보이는 것이 추후에 라이브커머스를 진행할 때 자신감도 더 생기고, 말도 하다 보면 자꾸 느는 것이니 1주일에 한 번 한 시간 하는 것보다 하루에 10분씩이라도 꾸준히 하다 보면 라이브방송이 몸에 익숙해져 30분도 금세 지나게 될 것이다. 30분 동안 할 말이 없을 것 같지만, 방송의 전체 주제를 정하고 세 가지 정도 부주제를 만들어 방송하다 보면 방송 중 들어와 시청하는 분들과 인사만 나누어도 금세 시간이 지나가게 된다.

보통 내 방송을 처음부터 끝까지 시청하는 사람의 비율이 많지 않고 실시간에 시청하는 사람은 아예 없을 수도 있다. 라이브방송을 하기 전에 미리 공지하고 방송을 진행해도 좋지만, 약속없이 만나면 더 반가울 수 있고, 시청자로 잠시 들어왔다가 나가는 사람들이 대부분이니 미리 준비한 이야기를 반복하는 건 기본이다. 계속해서 새로운 사람들이 들어 올 때마다 시청자의 이름을 부르며 인사를 나누는 게 중요하다. 이름을 불러주기 전에는 이름없는 풀이었지만 그가 나의 이름을 불러줄 때 비로소 꽃이 되는 것처럼, 시청자의 이름을 부르는 건 그 사람과의 친밀도를 높여주기 때문이고 시청자로 잡고 있을 수 있는 아주 은밀하고 위대한 작업이다. 이때 스마트폰에 보이는 나를 보면서 방송하지말고 반드시 카메라를 보면서 방송해야 한다. 시청자와 눈맞춤만 해도 라이브방송은 성공적이다.

소비자의 입장에서 방송하라

 카메라를 바라보며 라이브방송을 하면서 몇십 년 농사지어온 지식으로, 내가 아는 말로 방송을 하는 건 혼자 진도만 빼는 재미없는 선생님과 다르지 않다. 학창시절 학생들의 이해를 도우려 쉽게 설명하고 학생들의 눈높이에서 수업을 해주시는 선생님은 인기가 좋았고 존경을 받았다. 하지만 학생들이 이해했는지는 묻지도 않고 혼자서 진도를 빼는 선생님은 잘난체하는 것처럼 보여서 인기도 별로 없고 존경받지 못했다.

 농업인의 라이브방송도 크게 다르지 않다. 농학박사처럼 처음부터 끝까지 전문용어로 방송을 한다거나, 농사짓는 사람들끼리만 알아들을 수 있는 이야기로 라이브방송을 해 간다면 웬만큼 농사짓는 사람들만 시청자로 남게 될 것이다. 도시 인근의 시청자와 간극을 최대한 줄이기 위해 농업현장에서 일반적으로 사용하는 단어들은 이해하기 쉽게 풀어서 설명하는 게 좋다. 방송 초기에 일하는 현장에서 사용하는 말들을 하니 단어 자체를 낯설어하는 분들도 있었다. 평소의 말투로 하되 농사에 대해 전혀 알지 못하는 사람에게 말하듯 친절한 설명이 뒤따라야 할 것이다.

각 시군에서 운영하는 농업기술센터에서는 몇 해 전부터 페이스북 관련 교육을 많이 편성했다. 이에 따라 페이스북 개인계정을 운영하며 현장에서 활용해 직접 농사지은 농작물의 사진과 글로 도시의 소비자들과 소통해오고 있는 농업 경영인들이 많이 있다. 이미 굳건한 팬덤을 확보하여 운영하는 분들도 많다. 이제는 조금 더 진화해 라이브방송으로 라이브커머스까지 다 할 수 있으면 더욱 강력해진 무기를 가지게 되는 것이다.

스마트폰 보급률 세계 1위, 전 국민의 95%가 스마트폰을 사용하는 지금 이 시기에 코로나로 인한 사회적 거리두기는 계속되고, 집콕 생활이 길어짐에 따라 거실에서 온가족이 모이는 시간은 더 줄어들어 각자의 공간에서 각자의 스마트폰으로 개인의 취향에 따라 콘텐츠를 소비하고 있다. 나 역시 영상을 소비하기도 하고 농산물을 소비하기도 하는 소비자이다. 여태 소비만 해오다가 농업기술센터에서 교육받은 걸 기본으로 다양한 SNS를 이용해 농작물을 홍보하고 농장의 하루하루를 일기 쓰듯 라이브방송으로 담아 기록하는 작업들을 하면서 SNS 생산자가 되었다. 농산물 생산보다 영상을 생산하는 일이 훨씬 어려운 일 같다. 초기에는 보기 좋은 그림들을 라이브방송 배경으로 했지만, 방송을 진행하면서 올라오는 질문들을 보며 다음 방송에서는 직접농사를 짓지 않으면 잘 모르는 부분들을 보여줘야겠다고 생각했다. 예컨대, 사과를 예쁘게 포장한 화면보다 사과의 크기를 한눈에 비교할 수 있도록 통상적으로 사용하는 종이컵을 기준으로 종이컵보다 크거나 작거나 하다는 식의 화면으로 크기를 가늠할 수 있도록 했다. 10kg 한 상자에 36개 정도가 들어간다는 이야기를 하고 직접 A4 종이를 펼친 후, 그 위에 6개씩 올려서 A4용지 6장 위에 올려두고 라이브방송을 진행하니 시청자들도 한눈에 확인할 수 있어 원하는 크기를 구입할 수 있었다.

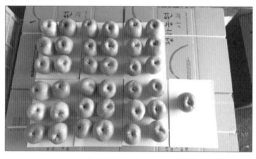

A4용지에 10kg 사과 펼쳐놓기

요즘은 1인 가구가 급격히 증가함에 따라 선호하는 과일의 크기가 많이 달라져 너무 큰 것보다는 한 번에 먹기 좋은 크기와 껍질째 먹기 좋은 크기의 과일 수요가 많아졌다. 소비자들이 점점 더 개인의 요구에 맞는 구성을 찾게 되니 농산물의 구성도 더욱 세분화하고 있다. 19년 전 과수원집 며느리가 막 되어서는 15kg 상자씩 판매하던 사과를 지금은 10kg과 5kg으로 판매하고 있으며, 작년부터는 아예 1인가구용 상자를 별도로 제작해 원룸 냉장고 야채실에 들어갈 만큼의 사과를 담을 수 있게 제작했다. 사과는 8~9개 정도 들어가고 배는 6개 정도 들어간다. 이렇게 하니 기존 방문 고객들의 반응은 크게 차이가 없었지만, 라이브방송을 할 때마다 가능하면 1인가구용 상자를 특별히 주문제작하여 1인가구용으로 판매하고 있다고 방송을 했다. 그렇게 하니 젊은 세대의 주문이 눈에 보이기 시작했고, 어르신들께서도 애들 있을 때는 15kg 한 상자도 며칠이면 바닥을 봤는데, 혼자 있다 보니 10kg 사는 것도 고민이 되었는데, 작은 상자로 구입할 수 있어서 좋다고 한다. 소비자들의 입장에서는 먹을 게 넘쳐나는 시대에 한 가지 과일로만 냉장고를 가득 채우기보다는 다양한 종류로 조금씩 두어 골고루 먹기를 원하는 것 같다. 5kg 상자나 3kg 상자가 별 게 아닌 것 같아도 큰아이가 학교 옆 원룸에서 살다 보니 주말마다 아이 냉장고에 과일을 채워주면서 5kg과 3kg의 차이를 확연히 알게 되었다. 원룸 냉장고의 야채실은 그리 넓지 않다 보니 8~9개 정도의 사과가 들어가면 거의 공간이 채워져서 안성맞춤이었다. 더도 말고 덜도 말고 적당히, 그래서 요즘은 소포장 상자에도 관심이 많아져 다양한 상자들을 보면서 나라면 어떤 상자가 좋을지, 소비자라면 어떤 포장재의 상자를 더 좋아할지에 대한 고민이 많아져 조만간 좋은 아이디어가 나올 것으로 기대하고 있다.

우리는 모두 생산자이면서 소비자이다 내가 농사짓는 농산물을 제외하고는 다 사 먹어야 한다. 예전에는 시장이나 대형마트를 이용해 농산물을 구입했지만, 내가 라이브방송을 시작하면서는 전국의 농업인들과 SNS로 소통하다 보니 각기 다른 농산물을 농사짓고 있어서 페이스북으로 인연을 맺은 농부님께 농산물을 구입하게 된다. 인터넷으로 검색하다 보면 물건 구입은 그리 어렵지 않지만, 왠지 뭔가 허전하다. 비슷한 가격과 비슷한 품질이라면 농부의 정성을 더 느끼고 싶어져 이왕이면 그간의 농사를 지어온 스토리를 알고 있는 페이스북 친구에게서 구입한다. 그럴 땐 나의 소비가 더 의미 있고 가치 있게 느껴지며 마치 미래농업의 초석을 다지는 역할을 하는 것 같은 뿌듯함도 느낀다.

한 가지 덧붙이자면 어느 날 갑자기 사과를 들고 나와 "사과 팝니다" 하는 것보다 소비자들이 믿고 구입할 수 있는 충분한 자료들을 준비해 놓는 것이 좋다. 국가에서 인증하는 인증서도 있긴 하다. 하지만 때로는 인증서보다도 소비자들이 직접 농사짓는 과정을 눈으로 확인하면서 신뢰를 쌓는 경우도 많다.

대기업 회장 일가들의 거대한 농장을 직접 가본 적은 없지만, 유기농으로 재배하여 로열패밀리에게만 공급하는 그런 농장도 있다고 한다. 하지만 일반인이 자신의 농장을 갖고 있으면서 먹고 싶은 것들을 재배해 먹는다는 건 엄청난 자금이 필요한 일이다. 따라서 앞으로는 라이브커머스를 진행하는 반려농부가 안전한 먹거리를 생산하는 책임을 지게 될 것이다. 이제는 우리가 도시의 소비자들에게, 고객들에게 반려농부가 되어 주어야 한다. '사과' 하면 누구네 사과, '배' 하면 누구네 배, '레드향' 하면 누구네 레드향 등 반려농부는 많을수록, 다양할수록 좋다. 최대한 많은 정보를 라이브로 보여주고 소비자들의 선택의 폭이 더욱 넓어져야 한다. 사과라고 다 똑같은 맛과 풍미를 갖지는 않는다. 대구의 사과가 다르고 김제의 사과가 다르고 충주의 사과가 다르고 강원도의 사과가 다르다. 수확 시기도 다르고, 아삭하고 달콤한 정도, 새콤한 정도가 제각각이다. 그러니 소비자들은 골고루 먹어보고 취향에 맞는 사과를 선택할 수 있어야 한다.

생각하는 대로 뭐든 할 수 있는 시대가 왔다. 내가 자랑하고 싶은 내 농산물의 강점을 얘기할 수 있어야 한다. 소비자들이 지닌 궁금증을 라이브방송에서 다 풀어줘야 한다. 간단한 활용방법과 보관방법, 다양한 시음방법을 경험에 바탕해 이야기하면 소비자들도 많은 부분 공감할 수 있을 것이다. 내가 소비자라면 어떤 이유로 농산물을 구입하는지, 그걸로 뭘 하고 싶은지를 먼저 생각해보자. 소비자의 입장에서 농산물에 대한 궁금증과 호기심을 유발할 수 있게 하자. 그러면 라이브방송 30분~1시간은 아주 짧게 느껴질 것이다. 너무 잘하려고 하지 마라. 오히려 긴장만 더 많이 하게 되어 미리 준비한 말도 못 하고 방송을 마치기가 십상이다. 소소한 댓글로 올라오는 질문 하나하나에 친구랑 이야기하듯 편안하게 방송을 진행한다면 방송은 더욱 풍성해지고 자연스러워질 것이다.

라이브커머스 상품기술서
작성해보기

　건강한 농산물을 안전하게 공급하며 먹거리를 책임지는 코디네이터로서 농부의 농업현장을 라이브로 방송하여 소비자들의 반려농부가 되기로 하자. 일상을 라이브로 편하게 방송하는 것도 좋지만, 상품을 판매하기 위해서는 라이브커머스 상품에 대한 기술서를 작성해보는 게 좋다. 흔하게 접할 수 있는 것은 아니지만, 상품기술서를 한번 작성해봄으로써 라이브커머스를 진행할 때 더욱 원활하게, 기승전결 갖춘 매끈한 진행을 할 수 있다.

　내가 방송하는 농산물에 가급적 친절한 설명을 하고 소비자의 합리적 구매를 돕기 위해 궁금해할 내용들을 기술해보는 것이다. 정확한 답은 없다. 내가 생각하는 기본에 충실해 상품 기술서를 작성해보는 것이 무엇보다 중요하다. 기술서를 한번 작성해보면 내 농산물을 진지하게 살펴볼 수 있다. 또 전반적인 판매방향을 정할 수 있어서 한번 작성해보고 머릿속에 순서나 방향들을 되새김하면 라이브커머스를 진행할 때마다 기술서의 내용들이 적립되어 자연스럽게 방송을 진행할 수 있게 된다.

상품기술서의 세부 작성 요령을 간단하게 소개하겠다.

	상품명			원산지	
	방송판매가		판매가	제조원	
1	상품 콘셉트 & 개요				
2	상품구성 & 프로모션				
3	셀링포인트 특장점				
4	입증				
5	사용 모습 비포 & 애프터				
6	사용자 후기				
7	시장분석				
8	약점 & 위협요인				
9	사용방법				
10	타겟				
11	구매방법				
12	기타				

커머스 방송용 상품 기술서 (ⓒ 출처 : 라이브킹 김현기)

※ 도움이 될 만한 사례로, 2019년 라이브방송 교육을 받을 때 김현기 선생님께서 교육 해주신 상품기술서를 옮겨 본다.

❶ **상품콘셉트 & 개요** – 농산물의 생산과정과 다른 농산물과의 차이점을 어필하고 여러 정보들을 융합해 더 좋은 것을 찾는다.

❷ **상품구성 & 프로모션** – 가공품일 경우 몇 g짜리 몇 봉이 들어가는지 정확한 수량을 공지한다. 가격표시 농산물일 경우에도 크기와 무게를 알아보기 쉽게 표시한다. 또 가격을 정한 후 프로모션 이벤트로 걸어주는 것이 좋다. 예를 들면 첫 수확기념, 첫 방송 기념, 생일이나 창립일 같은 이벤트로 구매유도를 해도 좋다.

❸ **셀링포인트 특장점** – 전문가의 연구결과를 인용하거나 수치로 입증할 것. 객관적 사례를 인용하면서 특별히 강조하고 싶은 내용을 특장점으로 소개한다.

❹ **입증** – 직접 재배하는 장면으로 입증하면 더할 나위 없이 좋다.

❺ **사용 모습 비포&애프터** – 농산물은 맛있게 먹을 수 있는 요리를 준비해 요리하면서 라이브하는 모습도 좋다.

❻ **사용자 후기** – 실제 사용자의 이용 후기를 더하면 좋다

❼ **시장분석** – 상품이 주는 절대가격대가 형성되어있다. 시장 가격대 형성을 분석하여 온라인 마켓의 예를 활용해도 좋다.

❽ **약점 & 위협요인** – 내 상품이 지닌 약점과 환경적 위협요인을 서술하는 것도 좋다.

❾ **사용 방법** – 그냥 먹을 때와 요리에 활용하는 방법을 설명한다.

❿ **타깃** – 구체적으로 구매 타깃을 정하고 그에 적합한 설명을 한다.

⓫ **구매 방법** – 무통장 입금으로 하거나 네이버 폼이나 구글 설문지를 이용한 주문서를 링크에 붙인다.

⓬ **기타** – 방송에 덧붙이고 싶은 말과 다른 상품의 맛보기용을 넣어 주는 것도 구매를 확대할 수 있어 좋다. 입금확인 후 발송하는 원칙을 고지하는 게 좋다.

위의 내용이 정확한 답이 될 수는 없다. 농장 상황과 농산물의 형편을 고려해 가급적 내가 편하게 할 수 있는 방법으로 라이브커머스를 진행하면 된다. 중간중간 시청자들과 인사를 나누고 시청자들의 질문과 댓글에 적극적으로 답을 해주는 것도 소홀히 하면 안 된다.

1인 라이브커머스의 최대 장점은 내가 농사지은 농산물을 수수료 걱정 없이 내가 직접 라이브방송을 통해 판매할 수 있다는 것이다. 방송 시작을 위한 몇 가지 기술적인 것만 익히면 이후의 성공과 실패는 철저히 본인이 하기 나름이다. 상품 기술서를 처음 작성하기는 어렵지만, 지속적으로 수확하는 농산물을 라이브커머스로 판매하기를 원한다면 반드시 해봐야 하고, 멈추지 않고 계속해야만 하는 과정이다. 사실 나도 제대로 하지는 못한다. 하지만 나보다 더 잘 할 수 있는 능력이 다분하고 잠재력이 있는 당신이라면 내가 2년 걸려 겨우 한발 떼어 앞으로 나아간 길을 더 짧은 시간 안에 이룰 수 있을 것이다. 단 그 과정에서 절대 멈추지 않고 꾸준히 해나가야만 잠재된 능력을 맘껏 발휘할 수 있다. 당신의 성공에 자그마한 도움이 되길 바란다.

라이브방송 시 필요한 장비

앞에서 언급하기를 '장비빨'에 현혹되지 말자고 했다. 하지만 여유가 되고 상품을 더욱 디테일하게 클로즈업해서 안정된 화면을 만들어 소비자에게 더욱 정확한 영상으로 정보전달을 하기 위해서는 최소의 조명장치가 있으면 훨씬 좋긴 하다. 어느 정도 방송에 익숙해지면 스스로를 업그레이드하는 차원에서라도, 또는 주위 환기 차원에서 장비를 셋팅해 주면 라이브방송하는 데 의욕도 더 생긴다. 더불어 나름의 자부심도 생기고 일단 자기만족이 클 것이다.

하지만 처음부터 너무 과한 장비 세팅은 금물이다. 일단 방송이 익숙해질 때까지는 셀카봉 삼각대 하나면 웬만한 방송은 문제없이 거뜬하다. 셀카봉 삼각대는 필요시 삼각대로 고정해 놓고 두 손을 자유롭게 움직이면서 방송을 할 수 있다. 또 셀카봉으로 사용할 시 본인 얼굴이 조금 작게 나오고 주변 배경을 같이 담아낼 수 있다는 장점도 있다. 셀카봉 없이 스마트폰을 가지고 셀카모드로 방송을 하게 되면 요즘 카메라 화질이 너무 좋아서 자칫 보여주기 싫은 얼굴의 주름과 기미까지 다 보여줄 수가 있다. 그러니 적당한 거리를 두고 촬영하는 게 방송을 하는 사람도 방송을 보는 사람도 부담이 없다.

게다가 가볍고 길이 조절이 쉬워 초보자가 사용하기에 참 편리하다. 삼각대와 셀카봉이 별도의 장비가 아닌, 셀카봉이 되는 삼각대를 구입하면 된다. 셀카봉으로 구입하면 늘 손으로 붙잡고 있어야 하고 고정이 안 되어 불편할 수가 있다.

셀카봉삼각대

셀카봉으로 사용가능

또 삼각대로만 구입하면 가격도 천차만별인 데다가 삼각대를 셀카봉처럼 이동하면서 방송을 하기에는 무척 불편하다. 삼각대 단일 용도의 제품은 무게도 힘에 부친다. 그러니 2~3만 원대 정도의 셀카봉을 크게 부담 갖지 않고 구입해 사용하면 된다. 모르긴 몰라도 셀카봉 하나면 라이브방송을 더욱 풍성하고 신나게 할 수 있을 것이다. 사물을 바라보는 관점이 넓어지고 확장되는 기분을 경험할 수 있다.

셀카봉 삼각대는 기본의 기본이고, 상품을 더욱 선명하게 자세히 담아 보여주고 싶다면 부수적인 장비들이 필요하다. 조명, 스탠드, 마이크, 삼각대, 케이블, 배경지 등 다양한 장비가 있지만, 1인방송 세트를 인터넷으로 검색하면 굉장히 많은 업체들의 방송장비에 관련된 상품들을 쉽게 찾아볼 수 있다.

이 모든 것을 다 갖추고 개인방송국을 세팅하는 방법도 있지만, 초보자 세트로 나온 건 10만 원대부터 있고, 중급 정도 하려면 100만 원 정도? 아니 그 이상의 투자를 하는 사람들도 있다.

하지만 우리 농업인은 농산물 수수료라도 아껴보려고 농장직거래 판매를 하는 경우가 대부분이다. 그러니 방송장비에 너무 많은 투자를 하는 것은 고민을 많이 한 후, 그래도 꼭 있어야 한다면 개인 형편에 맞게, 과하지 않게 세팅하면 좋겠다. 나는 실제 6평 남짓한 작은 컨테이너에 100만 원 정도의 방송장비를 계획하여 세팅했다. 작은 놀이공간이라 생각하여 더 많은 투자를 하기에는 스튜디오 안에 필요한 다른 용품들도 많아서 방송장비로만은 100만 원을 초과하지 않게 세팅을 했다.

하지만 꼭 스튜디오에서만 방송을 해야 하는 건 아니다. 나 역시 스튜디오 공간이 없을 때는 집안과 농장의 구석구석을 다니면서 2년 동안 자유롭게 장소에 구애를 받지 않으며 방송해 왔다. 집에서는 방송의 배경이 될 곳에 커다란 천을 고정해 두고 위치를 선정한 후 스마트폰을 켜고 방송의 구도와 밝기를 체크한 후에 세팅했다. 30

년이 훨씬 지난 오래된 집이라 방에 있는 형광등의 위치는 너무 높고 조도가 낮았다. 그래서 형광등 아래서 방송을 하면 얼굴도 어둡고 목 아래쪽을 비롯해 얼굴에 전체적으로 그늘이 졌다.

방안에 형광등 하나만 있을 때는 내 얼굴이 형광등을 바라볼 때 2m 정도의 거리를 두고 앞쪽에 있는 게 그늘을 덜 만드는 노하우다. 보조 조명이 있다면 조명에 따라 얼굴 앞쪽에 얼굴을 환하게 해주는 위치에서 조명을 밝혀 밝게 해준다. 또 책상 앞쪽에는 반사광을 만들어 줄 수 있는 반사판을 대어 주는 것도 좋다.

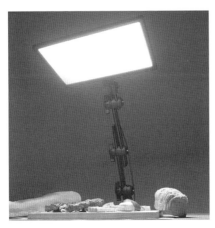
룩스패드

링라이트

은박소재의 반사판을 두는 것도 좋지만 그냥 새하얀 종이를 준비해도 무방하다. 방송에 따라 얼굴을 많이 보여주게 되니 둥근 조명을 하나 준비해 두는 것도 좋다. 또한 상품을 타이트하게 보여줄 때도 둥근 조명이나 네모난 룩스패드를 사용하면 좋다.

통신판매업신고는 전자상거래시 필수

나는 현재까지 페이스북 개인계정으로 라이브커머스를 진행해 왔다. 개인계정에서 직거래를 할 때는 규제가 거의 없지만 페이스북에서 스폰서나 페이지를 이용할 때는 통신판매업신고증이 필요하다. 점점 2차 가공품을 판매하고 판매 가능한 품목들이 조금씩 늘어나게 되어 지난해 통신판매업신고를 완료했다. 주변 농업인들은 진작에 통신판매업신고를 마친 농가들이 많았지만 나는 천천히 준비하다 보니 조금 늦은 감은 있었다.

페이스북 개인계정에서 농장 직거래를 하고 있지만 라이브커머스를 진행할 수 있는 플랫폼들이 다양해지고 있다. 현재만 해도 카카오의 '톡 딜라이브', 네이버의 '쇼핑라이브', 티몬의 '티비온라이브', CJ 올리브영의 '올라이브', 롯데백화점의 '100라이브' 등이 대표적이다. 또 그립, 인스타그램 등에서도 라이브커머스를 진행하고 앞으로도 더 많은 플랫폼에서 어렵지 않게 라이브커머스가 가능해질 것이다. 이때 반드시 통신판매업신고가 되어있어야 가능하다. 그리고 지금은 페이스북에서 개인간 직거래에 대한 규제가 거의 없어서 활발하게 이용하고 있지만 페이스북 정책이 어떻게 달라질지 알 수 없기에 미리 준비해보기로 한다.

　통신판매업신고는 전기통신매체, 광고물 등을 통해 소비자와의 직접상거래에서 「소비자보호에 관한 법률」 제12조에 근거를 두고 있다. 비대면과 언택트가 이제 더는 낯선 말이 아니다. 1980년대 초~2000년대 초에 출생한 MZ세대에게는 더 편리하고 안전한 인터넷 상거래가 대세다. 하지만 MZ세대가 아니더라도 시작이 어려울 뿐, 한 번 스마트폰으로 라이브커머스를 통해 물건을 구매해본 사람이라면 간편하게 쇼핑하는 '편리니즘'을 맛보게 되어 이전세대의 활용도 점차 가속화될 것이라 본다. 농사지은 생산물의 온라인 판매와 라이브커머스를 통한 판매를 위해서 통신판매업신고는 더는 미룰 수 있는 일이 아니다.

인터넷 신청

- 공인인증서 필요
- 정부24 홈에 들어가면 회원가입 후(비회원으로도 가능) 자세한 내용을 안내받아 인터넷으로 신청하여 발급 가능
- 준비물 : 사업자등록증과 구매안전서비스 이용확인증 또는 에스크로 결제대금 이용 예치 확인증

★ 구매안전서비스 이용확인증은 선지급식 통신판매를 하려는 경우에만 해당(국민, 기업, 농협 등에서 홈페이지를 통해 발급이 가능)
- 인터넷은 공인인증서를 미리 준비한 후 정부24 홈페이지에 들어가 진행
- 해당 신청서를 빠짐없이 작성 → 수령기관을 선택 → 2~4일 정도 지나 기관방문을 통해 수령

방문신청

- 신분증과 사업자등록증을 챙겨서 관계 행정기관을 방문 → 통신판매업신고서 작성 → 즉시 발급(발급기관에 따라 상이)

Tip

라이브커머스 플랫폼이용시 통신판매신고증 발급은 필수조건입니다.
사업자등록증 지참하고 대표자나 대리인이 신청가능

4장

1인 라이브커머스
방송 노하우

f Live Commerce

라이브방송 100번의 힘

2019년 3·4월 두 달간 라이브커머스 교육을 받고 선생님께서는 라이브방송은 100번 정도 해봐야 방송한다고 말할 수 있다는 말에 일주일에 한 번씩 방송을 하면 2년의 시간이 필요하다는 계산이 나왔다. 그렇다면 기간을 반으로 줄여 일주일에 두 번씩 하기로 마음먹고 바로 이어서 '화요일과 목요일은 신나는 농부의 화목라이브가 있습니다'를 인사말로 하여 어떤 일이 있더라도 화요일과 목요일엔 반드시 방송을 진행했다.

처음 라이브방송을 할 때는 함께 교육받았던 분들의 응원에 힘입어 열심히 재미있게 하다가 점점 시큰둥해지고 실시간 라이브방송에 많은 분들이 시청하지 않아 이걸 계속해야 하나 고민을 하기도 했다. 하지만 남을 위해서가 아니라 나를 위해서 방송을 하는 거라 마음을 바꾸고 나에게, 우리 농장에 집중하여 영농일기 쓰듯 재미를 붙이며 방송을 이어갔다. 은근히 방송하는 날이 기다려지고 방송을 마친 후에는 바로 다음 방송에서는 어떤 주제로 방송을 할지 계획도 짜면서 준비하는 시간들이 설렜다.

　그렇게 내가 나의 방송을 기다리며 방송 전에 준비할 소품들도 챙기고 방송을 준비하는 시간이 재밌어지면서 내가 즐기니 보는 사람들도 즐거워하는 것 같았다. 새로운 친구들이 생겨나고 가끔 실시간으로 상품을 판매하는 라이브커머스를 진행할 때 뜨거운 반응을 보여줬다. 라이브방송을 진행할 때는 실시간 소통이 아주 중요하다고 배웠다. 배운 것에 충실하기 위해 방송 때 댓글을 달아주면 더욱 적극적으로 댓글 달아주신 분과 이야기가 연결되고 농담도 주고받으면서 즐겁게 방송을 했다. 그랬더니 실시간 댓글 참여를 하지 않아도 나중에 따로 연락을 주시는 분들이 생겨 "방송 잘 봤다면서 시골에 살면서 일도 열심히 하고 즐겁게 방송하는 걸 보며 나도 힘을 내게 된다며 앞으로도 응원하겠다."라는 말을 해주실땐 정말 감동이었다.
　시골 농부의 대단한 이야기도 아닌 흔한 내용의 방송에 반응을 해주는 데에 너무 감사하고 감동받았다. 그래서 더욱 열심히 방송하기로 하고 성심성의껏 내가 가진 모든 역량을 발휘해 한발 한발 앞으로 나아갔다. 중간중간 일주일에 두 번 하는 방송이 버거워 쉬고 싶을 때도 있었고 정말 방송 소재가 부족하다는 생각이 들 때면 김제시청 홈페이지라도 들어가 새로운 공지내용들을 안내하는 '지역소식 읽어주는 농부'라는 콘텐츠로 방송을 이어가기도 했다. 그래선지는 몰라도 김제 전통시장에 가면 가끔 알아보시는 분들이 있어 살짝 부끄럽기도 하면서 뿌듯함을 느낀다.

영농일기 쓰듯 나의 하루하루를 영상으로 기록하는 작업은 결국 자기만족도 있겠지만, 결과적으로 나라는 사람을 알리고, 우리 농장을 알리고, 우리 농장에서 재배하는 농산물을 알려 홍보하고 판매까지 이어지는 게 궁극적인 목표라는 건 분명하다. 라이브방송을 100번 하는 건 마치 동굴에서 100일간 마늘과 쑥만 먹는 과정을 견뎌내어 사람이 되려 한 곰과 호랑이의 이야기처럼 쉽지 않은 일이다. 누가 고통과 수많은 유혹을 견디고 사람이 되었는지는 모두 알고 있듯, 라이브방송 100번을 한다는 것은 때론 묵묵히 주변의 유혹들을 다 참아내어야만 가능하다.

블로그 100일 쓰기 챌린지에 도전하면서도 그랬다. 때로는 무모한 짓이라며 블로그 쓸 시간에 다른 걸 배우라는 사람도 있었고, 백 일간 쓰면 뭐가 달라지느냐며 굉장한 커리어를 쌓는 것도 아닌데 뭘 그렇게 열심히 하냐며 괜한 딴지를 거는 사람도 있었다. 100일간 블로그를 쓴다는 것은 나와의 약속이었다. 하루도 빠짐없이 블로그를 포스팅하면서 매일 쓸 내용도 못 찾겠고, 귀찮기도 하여 중간에 그만둘까 싶기도 했었다.

결국 80일 하고 며칠 만에 깜빡하고 잠이 들어 하루를 빼먹고 101일째 되는 날 100개의 포스팅을 완성하고 알았다. 꾸준함이 결국 성공과 실패를 가늠하는 잣대가 되는 거라는 걸 몇 번 해보고 별 효과도 없다고 하는 건 충분한 노력을 기울이지 않은 본인의 나태해짐과 게으름이 문제인 것을…. 라이브방송을 해보겠다고 생각했다면 일단 몸에 익히기 위한 체득의 시간이 필요하다. 숨 쉬는 듯까지는 아니어도 방송을 하겠다고 마음먹으면 바로 삼각대와 스마트폰에 손을 뻗어 반응할 수 있게 자연스레 삶 속에 스며들게 하기 위한 꾸준한 연습이 필요하다.

어디까지가 연습이고 언제부터가 실전 라이브커머스인가를 나름 판단하기 위해 100번을 해보겠다고 했다. 1년이 되기 전에 100번의 라이브방송을 했다. 아, 이제부터는 프로처럼 되는 건가? 100번의 라이브방송에 도달했지만 이제 다시 시작이라는 기분이다. 물론 라이브방송을 1년 하던 중에 운이 좋게 지역의 뉴스에도 여러 번 소개되어 농업인의 라이브커머스에 대한 인터뷰를 하면서 유명세를 얻기도 했지만, 갈 길은 더 먼 것 같고 이제야 비로소 연습생이 된 것 같다. 그럼 그전에 100번의 라이브방송은 뭐였냐고 물으면 기본적인 방법을 익힐 수 있는 시간이라 말할 수 있다. 새로운 무언가를 배운다는 건 사람마다 다르겠지만 배우는 시간보다 훨씬 더 많이 반복하여 익히는 시간이 필요하다. 그게 아마 대략 백 번 정도가 아닐까 한다.

나는 비록 1년 정도의 시간이 걸려 백 번을 달성했지만, 더 자주 더 많이 라이브방송을 하게 되면 더 많이 익히고 자기만의 스타일을 찾아 경쟁력 있는 라이브커머스를 주도하는 사람이 될 수 있을 것이다.

라이브커머스 영역의 끝에 나는 과연 어떤 모습으로 서 있게 될지 모르겠지만 멈추지만 않는다면 무언가 되어있지 않을까 하며 기대해 본다. 일주일에 두 번씩 방송하다 보니 내가 하고 싶은 사과와 배의 이야기를 원 없이 했다. 가을에 수확철이 다가오니 하루하루 수확을 준비하는 현장에 삼각대에 스마트폰을 장착하기만 하면 라이브방송 시작! 내가 하는 라이브는 농촌의 일상, 사과의 한 살이, 배의 한 살이 등 아주 흔한 시골의 일상들이다. 내가 갖고 있는 자원을 최대한 활용하여 함께 사과를 재배하는 느낌으로 라이브방송을 통해 기꺼이 전 국민의 반려농부가 되어 주겠다는 포부로 리얼한 농촌 현장을 함께해가고 싶다.

요즘은 다양한 플랫폼에서 라이브방송, 라이브커머스가 가능하지만 나는 처음 배울 때 익힌 페이스북으로 하는 게 익숙하고 편하다. 어떤 플랫폼을 이용해도 좋다. 단, 한두 번이 아닌, 시작했다면 백번은 해보고 계속할지 말지에 대한 고민을 해야 할 것이다. 모든 게 그렇겠지만 배우는 것은 반의반도 안 되고 나머지는 내가 마음먹기에 달렸다. 노력하는 만큼 성과가 있을 것이다. 라이브방송 백 번 달성은 성공의 종착이 아니다. 더욱더 성장할 수 있도록 기초를 다져 한 걸음 더 나아가는 과정의 첫 관문에 지나지 않는다.

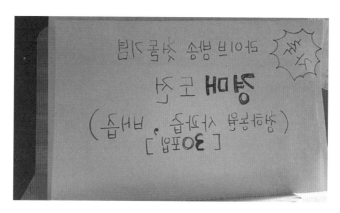

라이브방송 첫돌기념 자축방송

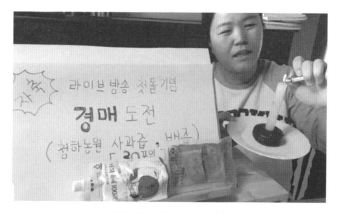

라이브방송 첫돌기념 자축방송

매력점 사과 대박 터트린 스토리

매력점 사과라니? 이건 또 뭔가?

사과를 농사지으면 봄, 여름, 가을, 겨울 모든 계절이 다 의미 있고 행복하지만, 뭐니뭐니해도 가을에 빨갛게 주렁주렁 달려 있는 사과를 볼 때와는 비교가 안 된다. 바구니 들고 사과나무 가까이 다가가 하나씩 톡톡 따 바구니를 가득 채워 가면 세상을 다 가진 기분이 이런 기분을 말하는 건가 싶을 정도로 가슴 벅차고 미소가 절로 나온다. 과수원 일도 수확할 때가 제일 힘든 작업이 많지만, 수확의 기쁨에 가려져 피곤하고 힘든지 모르고 일하게 된다.

하지만 그것도 잠시, 사과를 선별하면서 꼼꼼히 살펴보면 발견되는 작은 흠집과 점들…. 이렇게 잘 익은 맛있는 사과에 점이라니…. 점하나에 웃고 점 하나에 우는 노랫말에 나오는 '남'이 되고 '님'이 되는 사연이 아니다. 모두 한마음으로 정성 들여 사과를 농사지었는데, 점이라니…. 그렇다고 타 상품보다 맛이 떨어지는 것도 아니고, 너무 아깝게도 점 하나에 최상품에서 점과나 흠과로 등급이 낮아져 가격도 내려지게 되는 슬픈 사연이다.

40여 년간 직거래를 해오는 터라 사과, 배 수확철이 되면 농장에 방문해 과일을 구입하려는 고객들이 많아진다. 좋은 상품을 구입하려는 분들도 있고 점과나 흠과를 저렴하게 구입하려는 분들의 방문도 쇄도한다. 방문하시는 분들은 직접 보고 구입해 가시는 오랜 습관으로 특별히 설명을 안 드려도 용도에 맞춰 사신다. 하지만 라이브방송으로 사과 수확이 임박해지고 있다는 내용을 수확하기 2주 전쯤부터는 더 자주 하니 직접 농사짓는 과정을 라이브로 봐온 분들이 사과, 배 판매를 은근히 기다려온 모양이다. 이 과정에서 도시민들에게 처음 보는 점과를 어떻게 설명하면 좋을지 고민하다가 나온 이름이 바로 '매력점 사과'다. 메릴린 먼로의 점, 한가인의 점처럼 여배우들의 매력적인 점이 우리 사과에도 붙었다. 최상품과 모양도 같고 맛도 똑같은데 그만 작은 점이 붙었다. 덕분에 가격은 매력적으로 저렴해졌지만, 맛은 새콤달콤 아삭하기까지 한 아주 매력적인 사과가 되었다. 최상품과 비교하면 크기와 색깔의 차이도 거의 없고 오로지 점 하나에 울고 웃는 운명이다. 하지만 낙담하지 않고 '매력점 사과'로 이름을 붙여 라이브커머스를 진행했다.

라이브방송을 진행하면서 시청자들이 궁금해할 부분들을 친절하게 설명해주었다. 직접 껍질을 깎으며 일반 상품과 같은데 점이 있지만 속은 아주 멀쩡함을 보여주었다. 맛은 또 어떤지, 새콤달콤한지 아삭한지를 직접 보여주고, ASMR로 생생하게 아삭거리는 소리까지 들려주니 신뢰를 얻을 수 있었다. 직접 택배로 포장하는 장면도 넣어 파손되지 않게 잘 싸서 보낸다고 하니 방송을 본 시청자들은 "집에서 그냥 먹을 건데 너무 좋은 사과는 아니어도 맛만 있으면 좋다."라는 분들이 많아 그분들의 욕구를 채워줄 수 있었다. 마트에서 몇 개 들어있는 사과를 사서 먹으면 맛도 제각각이고 생각보다 맛이 없어 실망스러웠는데, 사과 농사짓는 분이 직접 보여주면서 추천하니 더 믿을 수 있다는 반응이었다. 실시간 질문이 들어오면 바로바로 답을 주니 믿고 사보겠다는 분들이 많아 갑자기 들어보는 택배 주문에 며칠간 어머님과 나는 선별과 포장을 하느라 밥 먹을 시간도 없이 바쁘게 보내야 했다.

매력점 사과 판매방송

농가 입장에서도 저온저장고에 보관하는 상품의 사과가 많아 점 있는 사과가 빨리 판매되는 게 좋다. 점 사과를 저장고에 넣게 되면 상품 사과가 들어가기에도 비좁아 작업이 힘들어지기도 한다. 그러니 점 사과가 서둘러 판매되면 농가 입장에서는 창고 관리에도 유리하며 소비자들은 맛있는 사과를 저렴하게 먹을 수 있어서 좋다.

당시 고객 중에는 가까운 곳에 살고 있는데도 과수원이 있는지 몰랐다는 분들도 많았고, 농장에서 직거래하는지 몰랐다는 분, 어디에다 납품하는 줄 알았다는 분, 심지어 직접 방문해 맛보기를 한 후 합격점수를 받아 구입하는 분들까지 있었다.

　어느 것 하나 소홀히 하지 않고 재배했지만 점이 생긴 상태를 오점이라 하지 않고 매력점으로 승화시켰더니 시청자들의 반응은 엄청 뜨거웠다. 그해 수확하여 나온 사과 중 매력점 사과는 2주만에 라이브방송을 통해 다 판매할 수가 있었다. 직거래로 판매가 가능하니 좋은 상품은 좋은 가격을 받을 수 있고 공판장에서는 취급하지 않는 점 있는 사과를 '매력점 사과'로 이름 붙여 상품에 비해 저렴한 가격을 받고 판매할 수 있다는 건 라이브커머스가 아니면 쉽지 않은 일일 것이다.

　'매력점 사과'를 주문해 받아 드신 분들의 리뷰 역시 많은 도움이 되었다. 가격이 저렴한데 맛이 참 좋아 이웃들에게 소개하고 어느 아파트단지 커뮤니티에 소개하는 바람에 그 아파트단지로 매일같이 동 호수만 다르게 한참 동안 사과 탁송을 하게 되었다. 그러다 보니 다음엔 차로 한 차 싣고 가 아파트 주차장에 내려주고 와야 하나 싶기도 했다. 몰라서 못 샀다는 분들의 농장방문이 낮이고 밤이고 계속되다 보니 집 앞마당은 주차장이 되어 사과 상자를 옮겨 싣는 분들의 차들로 꽉 차 대박이 났다. 더 상세한 분류를 통해 소비자들이 용도에 맞게 구입할 수 있는 다양한 분류작업을 한 것, 상품가치가 떨어져 점 있는 사과도 매력점이 되어 판매할 수 있었던 것 역시 라이브커머스의 가장 큰 활용 효과이다.

첫눈에 반하지 말고
한입에 반해보세요

엥, 사과 색깔이 왜 이래?

과수원을 첫 방문하고 우리 사과를 처음 보는 사람들 대부분은 이런 반응을 보인다. 그럼 나는 '사과 하나 드셔보세요~'하며 사과와 과일칼을 건넨다. 그러면서 덧붙이는 말이 바로 "첫눈에 반하지 말고 한입에 반해보세요."이다. 백화점이나 대형마트에서 빨갛게 잘 익은 때깔 좋은 사과만 봐온 소비자들은 노르스름하고 새빨갛지도 않은 우리 사과에 시큰둥한 반응을 보이는 게 당연하다. 하지만 노르스름한 붉은 빛을 살짝 띠는 사과를 건네받은 소비자는 살포시 껍질을 깎으면서 아삭아삭하게 깎이는 소리에 반은 마음을 열고, 한 조각 떼어서 입에 넣으니 과연…. 첫눈 말고 한입이라는 말에 공감하는 표정을 읽을 수 있다.

SNS를 시작하면서 길게 서술하는 글 말고 짧은 글로 뭔가 확실한 걸 전하고 싶어서 그런지 광고 카피 같은 글을 만드는 걸 즐긴다. 그런 고민을 하다 탄생시킨 카피가 "첫눈에 반하지 말고 한입에 반해보세요."이다. 신규방문 고객들과 라이브커머스를 방송할 때 많이 쓰는 말이지만, 몇십 년 단골들은 오랫동안 우리 사과를 먹어봐서 "알아서 담아주라."는 분들이 많다. 40여 년 한결같이 그 맛을 지켜내기 위해 노력하시는 아버님과 어머님의 농사에 대한 철학이 만들어내는 맛이다. 여타의 다른 농가와 비교해서 뭐 특별한 농법이 있는 게 아니고 오로지 잘 익기를 기다렸다가 수확을 하는 데 있다. 우리 과수원만이 갖고 있는 지형과 주변환경, 일조량 강수량 등은 어떻게 바꿀 수가 없는 부분이라서 오로지 잘 익기를 기다리는 참을성이 만들어냈다고 해도 과언이 아니다.

추석이 이르다 하여 추석 대목을 보기 위해 덜 익은 과일을 수확하지 않는 것은 우리 과수원의 원칙이고 철학이다. 크기만 컸지 아직 다 익지 않은 과일을 수확하여 판매한다면 소비자는 덜 익은 과일을 다 먹을 수나 있을까? 덜 익은 과일을 미리 따서 놔둔다고 후숙이 되는 게 아니다. 혹시 추석이 9월에 들거나 다른 해보다 조금 빨리 들어있는 해에 커다랗고 예쁜 배를 구입했는데, 과일에 칼도 안 들어가던 경험이 있다면 너무 안 익은 배를 구입한 거다. 덜 익은 배를 먹고 누가 다시 재구매하고 싶을까?

전국 과일 매장을 다니며 먹어볼 수 없지만 라이브커머스로 직접 판매를 한다면 꼭 명심해야 한다. 첫눈에 반할 제품을 만드는 것보다 한입에 반할 수 있는 맛있는 제품을 판매해야 한다. 요즘 소비자들은 합리적으로 소비하려 하고, 맛에 대해선 철저하게 냉정하다. 그건 나도 역시 그렇다. 사과 배를 제외하고 모든 건 다 사 먹는 나 역시 소비자라 한번 먹어봐서 맛있으면 계속 그 농장의 농산물을 구입하고, 먹어 봤는데 맛이 내 입에 안 맞는다면 재주문은 있을 수 없다. 특히 농산물은 싱싱한 것을 구입하려 직거래를 원하는 분들이 대부분일 것이다. 겉모습이 화려하고 멋지기보다, 맛을 보장할 수 있는 농산물이라야 직거래를 이어갈 수가 있다. 내 얼굴을 걸고 하는 라이브커머스는 신뢰가 기본이고 한번 팔면 그만인 게 아니다. 먹어 본 사람들이 다시 찾고 재구매로 이어질 수 있도록 엄선해서 판매해야 한다.

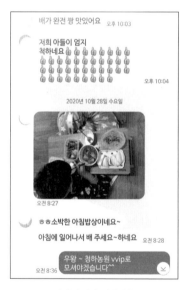

매력점 사과 판매방송

가끔씩 과일을 주문해 드시는 고객님들이 "아이들이 이렇게 좋아하는지 몰랐다."라며 아침저녁으로 아이들 밥상에 오르는 사진을 찍어 보내주시는 날이면 참 기분이 좋아진다. 그리고 진심으로 감사하다. 그래서 우리 농장은 맛과 용도에 따라 세분화해 판매하고 있다. 기후변화에 따른 사과의 작황은 해마다 다를 수 있지만, 그 또한 고객들에게 친절히 설명해 줄 수 있어야 한다. 작년처럼 비가 많이 왔던 해가 있었나 싶어 찾아보니 비가 내린 기간이 무려 53일이었다. 비가 많이 오면 아무리 과수원 배수로가 잘 정비되어 있다 해도 과수에 큰 피해를 준다. 주야장천 비가 내려 뿌리에 수분 장애가 생겨 수확을 한참 남긴 사과나무에서 잎이 떨어지는 낙엽병이 시작되었다. 수확일을 며칠 앞둔 채 앙상한 가지에 사과를 붙이고 있는 사과나무들이 군데군데 하나씩 보여 참 위태롭기까지 했다. 사과나무는 수확을 마칠 때까지 잎이 풍성해야 한다. 풍성한 잎이 광합성 작용으로 사과에 에너지를 공급해줘야 기막히게 맛있는 사과가 생산된다.

물론 똑같은 정성과 노력에도 불구하고 그저 그런 맛의 사과가 나올 수 있다. 하지만 그 사과도 나에겐 너무나 소중하다. 그러니 다양한 구성과 용도에 따라 선물하기 좋은 사과, 집에서 먹기 좋은 사과, 주스로 짜 마시기 좋은 사과, 말리거나 잼을 만들기 좋은 사과로 세분화해 판매한다.

경우에 따라 농업인의 라이브커머스에서는 상품이 아닌 가정용, 가공용 사과도 판매가 가능하다. 그런데 공산품의 기준으로 봤을 때, 과연 홈쇼핑에서도 완벽한 상품이 아닌, 하자가 난 상품을 팔 수 있을까? 아직까지 그런 경우를 접해보지 못했다. 하지만 규격이 명확하지 않고 표준화할 수 없는 농산품 판매의 영역까지도 라이브커머스는 가능하다. 게다가 직접 농사지은 사람으로서 소비자들이 궁금해할 부분까지 아주 자세하게 설명할 수 있는 점이 농업 생산자 라이브커머스의 최대 장점이라 하겠다.

수확 한 달 만에 사과 80톤
완판시킨 스토리

40여 년 사과 농사를 지으면서 농장에서 직거래가 이뤄지다 보니 우리 농원 사과를 맛본 사람들의 입소문으로 단골이 제법 있는 편이다. 사과나무가 어릴 때는 사과수확량과 방문고객님들의 수요가 비슷해 5월 초까지 저온저장고에 저장하며 판매할 수가 있었다. 하지만 사과나무가 계속 크고 수확량은 점점 많아지다 보니 방문고객들에게만 판매하기엔 사과가 남아돌았다. 6월 초까지 질 좋은 사과가 고객을 만나지 못하고 저온저장고에 남아 있는 걸 보게 되니 신규고객을 만들어야겠다는 생각이 들었다. 그때부터 농업기술센터에서 블로그 교육을 시작으로 배울 수 있는 SNS 활용 교육은 다 받았다.

블로그를 하면서 택배 발송량이 한 상자씩 생기기 시작했다. 2017년까지는 택배 발송량이 거의 없어 연중 10상자 정도 보내는 수준이었지만, 2018년에는 방문 구입 90% 택배 구입 10%더니, 이듬해 2019년에는 방문 구입 70% 택배구입 30%, 2020년은 방문 구입 60% 택배 구입 40%로 확대되었다. 물론 기존고객님들의 택배 주문량도 약간 포함되어 있었다. 하지만 2019년부터 시작한 페이스북 라이브방송의 영향으로 택배 발송량이 많아진 것으로 분석한다. 기존 고객님들은 가을에 수확 때만 볼 수 있었던 사과밭을 수시로 하는 라이브방송을 통해서 보게 되니 그동안 먹어온 사과가 어떻게 크는지를 직접 눈으로 확인할 수 있어 더욱 믿음이 가고 다른 분에게 소개하기도 좋았다고 한다.

수시로 농장에서 하는 라이브방송은 마치 나의 농장을 CCTV로 보는 것 같은 기분이 들게 한다. 마치 반려동물과 반려식물처럼 가족 구성원으로 반려농부가 되어 자리매김할 수 있도록 봄·여름·가을·겨울의 모든 과정을 라이브방송의 주제로 삼아 과수원 일상의 모습들을 있는 그대로 보여준다. 그러다 보니 사과의 성장 과정을 함께하고 고객들도 농사의 주체가 되어 다음 이야기에 대한 궁금증과 호기심을 자연스레 갖게 된 것 같다.

그렇게 1년간 시청자들과 사과의 성장을 함께했다. 그 덕분에 사과가 나올 무렵이면 서리 맞고 잘 익은 사과를 수확하니 빨리 먹어보고 싶다는 주문이 많아 한 달에 300~400상자를 택배로 보내게 되었다. 물론 택배로만 보낸 양이 그런 것이고 라이브방송을 통해 사과를 알게 된 분들은 직접 농장으로 방문해 구입을 희망하기도 했다. 그동안 방송과 영상으로만 봐온 과수원과 신나는 농부를 직접 대면하면서 굉장히 신기하다고, 어떻게 농사지으면서 라이브방송과 유튜브까지 하냐면서 응원해 주었다. 수확하고 선별작업을 하기까지 시간이 필요했지만, 라이브방송을 보고 수확 소식을 알고 왔다며 사과를 구입하고 싶다는 분들의 차량이 주차장에 가득 채웠다. 방문한 순서대로 사과 맛보기를 하고 구입해 주시는 고객님들이 아침 일찍부터 늦은 밤까지 계속되고, 때론 직장인분들의 공동구매로 이어져 한 차 가득 싣고 배달을 가기도 했다.

2019년은 11월 중순에 부사를 수확해 2월 초까지 판매할 수 있었다. 하지만 2020년에는 11월 중순에 서리맞고 잘 익은 사과를 수확하여 12월 18일에 80톤의 사과를 완판하는 기록을 세웠다. 80톤이면 10kg 사과가 8,000상자인 셈이다. 물론 그 상자 모두가 최상품이었다면 아주 큰 돈을 벌 수 있었을지도 모른다.

작년 한 해 4월엔 서리를 맞아 냉해를 입고 7·8월엔 기나긴 장마에 뿌리 장애가 생겨 낙엽병으로 사과 수확하기 전에 잎이 떨어져 최상품이 많이 나오지 않았던 해이다. 게다가 세 번의 태풍을 직·간접으로 받는 등 여러 가지 환경적 요인으로 작황이 좋지 못했다. 하지만 계속 진행한 라이브방송 덕분에 매력점 사과와 주스, 잼을 만들 수 있는 가공용도 필요한 분들이 용도에 맞춰 구입할 수 있었다. 이미 사과 선별작업을 해서 크기별로 구분하여 저온저장고에 옮겨 저장했지만, 저장고의 전원을 켜자마자 꺼야 했다. 전원을 켜 저장고가 돌아가자마자 며칠 안 가서 그 많은 사과는 판매가 종료되었고, 그 원인은 누가 뭐래도 그동안 쉬지 않고 묵묵히 라이브방송을 해온 덕분이라 말할 수 있다. 두 해를 넘겨 라이브방송을 해오면서 중간중간 어려움도 있었지만, 멈추지 않고 달려온 보람을 맛볼 수 있었던, 그래서 앞으로도 라이브방송을 멈추지 말아야겠다는 마음가짐을 다시금 할 수 있었던 시점이 되었다. 수확 한 달 만에 사과 판매가 종료된 건 청하농원 설립 이래 처음 있는 일이다.

조기완판에 따른 문제점도 있었다. 가장 큰 문제는 기존의 고객님들이 오랫동안 우리 사과를 못 먹게 되는 상황이었다. 그렇다고 기존고객과 신규고객을 차별하여 따로 빼놓고 안 팔 수도 없고, 먼저 주문하시는 분들이 우선이 될 수밖에 없었다. 한 달 만에 판매 종료된 상황을 잘 되었다고 말씀해주시는 고객님들도 계셨고, 이제 청하농원 사과 먹으려면 예약이라도 해야겠다고 말씀해주시는 분들도 있었다. 고정된 면적의과수원에서 해마다 수확량은 크게 증감하는 건 아니니 라이브방송과 커머스를 통해 엄청난 수익을 창출한다고 말할수는 없다. 하지만 내가 농사지은 농산물을 조기에 완판시킬 수 있는 것은 분명 자랑할만하다. 1차 생산된 농산물은 생물이다 보니 일단 농사를 잘 지어 가장 맛있고 싱싱할 때 빨리 판매해야 부패를 막고 손실을 줄일 수 있다. 농산물 품질이 우수해야 함도 기본 중의 기본이다. 기본을 안 지키면 라이브커머스의 효과도 크게 기대할 수 없다.

내 맘대로 고객리스트

사과 판매를 시작하면서 한 번 통화한 분들은 어떻게든 휴대폰에 저장을 해두는 습관이 생겼다. 이름엔 나름 단계가 있다. 첫 통화고객이라면 누구나 다음의 단계를 거친다.

1단계(아는 사람 단계) – '190214사과문의'라는 이름으로 저장이 된다. 따로 설명할 것도 없이 기본적인 2019년 2월 14일에 사과를 문의한 고객인 것이다. 대화가 조금 더 길어져 사는 지역이 추가되면 한 단계 상승되어

2단계(지인 단계) – '190214군산사과'가 되고, 통화가 무르익어 서로 즐겁고 유익하게 대화를 나누다 보면 "○○회사에 친구가 사과를 가져왔는데 맛있어서 연락처 받고 전화한다"라며 사과에 얽힌 사연도 공유하게 된다. 이때

3단계(유사 VIP 단계) – '○○회사 소개 받고'라는 설명이 이름 뒤에 추가가 된다. 그렇게 거래해 오다가 택배 주문을 하게 되면 이름 앞

에 붙었던 날짜가 삭제되고,

4단계(VIP 단계) - 'OOO군산'으로 본인의 진짜 이름을 찾게 된다. 이후 VVIP 단계로 승격되는 분이 해마다 늘어나고 있다. 그 기준은 은밀하고 위대한 나만의 비밀 ㅋㅋ

2021년 4월 현재 내 휴대폰에 저장된 전화번호는 총 6,854명이다. 이중 고객으로 따로 구분한 분은 3,000명이다. 함께 끝까지 가고 싶은 마음에 '동료'라는 그룹으로 묶어 놨다. 그 외는 일상생활에서 필요한 치킨집을 비롯 세탁소, 음식점 등의 생활편의시설 연락처이다. 이렇게 모아진 고객님들의 연락처는 사과와 배 수확을 안내하는 목적으로 몇 년째 사용하고 있다. 때론 파격 세일을 안내해 드리기도 한다. 그럴 때는 마당 앞의 넓은 주차장에 차들이 빼곡해져 줄을 서서 구입하기도 한다.

"'이 집 사과가 익어갈 때가 되었는데 땄나? 안 땄나?' 라고 궁금해하고 있을 때 반가운 수확 소식을 안내해줘 고맙다." "마트 간 김에 과일 사려고 보니 청하농원 수확 문자가 왔길래 사과는 안 사고 이리 왔어~" "노인네한테까지 연락을 주니 관리받고 있는 것 같아서 기분 좋더라."

이렇듯 고객님들의 반응은 대체로 좋다. 일대일로 판매하는 구조다 보니 몇 년째 대면하는 분들은 "사과 맛이 올해는 어떠냐?"라는 질문보다 "애들은 얼마나 컸냐? 어머님은 건강하시냐? 살이 좀 빠진 것 같다."라는 질문들을 한다. 나 역시 인사를 하고 나서는 고객님들의 가족분들 안부를 챙겨 묻곤 한다. 서로의 안부를 물으며 판매를 하다 보니 어디 가서 우연히 만나도 반갑다. 그렇게 이야기를 나누다 가 인상적인 부분을 기억하며 휴대폰의 이름을 수정하기도 한다. 고 객들과의 관계를 유지할 수 있었던 나의 오랜 습관이다. 그중 몇 분 의 이름을 예로 들어 보겠다.

'일 년에 세 달' VVIP 부부.

직접 방문하셔서 대화 중 "과수원은 일 년에 세 달만 일하면 되니 편하고 좋겠어요~."라는 말이 너무 인상적이어서 붙이게 된 이름이 다. '한 번 과수 농사 지어보세요.'라는 말이 턱밑까지 올라왔지만, 잘 모르셔서 하시는 말씀이니 알려드리고 싶었다. 과수원의 1년 농 사 과정을 설명하고, 그 부부가 추구하는 삶의 방향 이야기를 나누 다 보니 여러모로 공감되며 부럽기까지 했다. 지금은 그 부부의 여가 를 함께하는 분들께 우리 사과를 소개해주며 홍보대사를 자처해 주 시는 고마운 분이다.

'○○소방 퇴직 콧수염' VVIP

'○○소방 퇴직 콧수염'이라는 이름을 붙인 VVIP와는 그분이 지역 의 소방서에 근무하실 때 인연을 맺게 되었다. 나중에 콧수염을 기 르고 나타나신 모습에 깜짝 놀라 물으니 '퇴직하면 콧수염을 길러 보 는 게 작은 소원이었다.'며 등산 후 집으로 가는 길에 들렀다고 한다. 예술인 같은 분위기에 활력 넘치는 그분을 볼 때면 나도 기분이 좋 아진다.

'멸치○○○' VVIP

먼 바다에 나가 고기를 잡는 이분은 바다에서 작업을 마치고 육지로 들어오는 길에 전화를 주신다. 육지에 들어와 며칠 있다가 다시 또 바다로 나가야 해서 일정이 바쁜 분이시다. 이분께 가끔 배 위에서 말린 멸치를 얻어먹게 되어 이런 이름이 붙었다.

'유해진 닮은 소방관' VVIP

이분은 다른 설명이 필요 없는 배우 유해진 씨를 닮은 소방관인 VVIP고객님이다.

'○○심부름' VVIP

이분은 수확 안내 문자를 받았다 하면 동네 아주머니들의 사과·배를 대신 주문받아온 후 한 트럭 실어가 심부름을 해주시는 분이다. 시골이다 보니 과일이 먹고 싶어도 차가 없어 직접 못 오는 분들의 다리가 되어 동네 심부름을 도맡아 하는 일꾼이시란다. 참 고마운 이분도 나에겐 VVIP이다.

그 외에도 방문과 날짜를 넣는 '방문190214'라는 이름과 '방문 사과못삼', '방문 배못삼', '방문 20분 기다림', '방문30분해멤'도 있다. 앞으로도 청하농원을 찾아주시는 분들이 서로 따뜻한 이야기를 나누고, 건강하게 만들어질 사과, 배에 관심과 사랑을 키워갈 수 있길 노력해본다.

알고 계시죠?

여러분은 저에게 VVIP이십니다.

문화예술 관람에 시간과
노력을 아끼지 말자

농사를 지으면서 억지로라도 시간을 내어 영화도 보고, 책도 읽고, 뮤지컬 관람을 비롯해 클래식 연주와 국악공연도 마다하지 않고 기회가 되면 어떻게든 찾아가 직접 관람을 한다. 어릴 때부터 많은 곳을 여행하면서 사는 게 꿈이었는데, 어른이 되어서야 여행에는 어마어마한 시간과 노력과 돈이 든다는 걸 알았다.

여행 분야로 깊이 있게 연구하지 못해서인지 몰라도 주변 여건과 현실이 많은 곳을 다닐 수 있는 상황도 아니었다. 그래서 내 여건에 맞는 여행을 찾다가 문화예술관람으로의 여행을 해야겠다 결심하고 가까운 지역의 김제문화예술회관으로 공연 관람을 다니기 시작했다. 한 달에 두 번 이상 공연 일정이 거의 있고, 정기회원가입을 하면 저렴한 가격으로 티켓을 구입할 수 있어 아이들과 자주 찾는 곳이 되었다.

다양한 공연들은 삶의 질을 높여주었을 뿐 아니라 사고를 확장해주는, 뭐라 딱히 말하긴 어렵지만 크고 작은 영감을 주곤 했다. 공연은 계속되는 농사일에 지친 몸과 마음에 피로를 회복하고, 영혼을 위로하며, 새로운 에너지를 공급하는 효과를 주었다. 공연 관람을 마치고 집에 들어오는 길은 몸도 마음도 말끔히 치유 받고 오는 기분이다.

막내 아이가 4살 때부터 세 아이들과 함께 다니는 지역 문화예술회관 공연장은 옆집에 놀러 가는 편안함과 즐거움으로 서울에나 가야 볼 수 있는 좋은 공연들을 참 많이 편하게 볼 수 있었다. 수많은 공연을 아이들과 함께 다니면서 보는 건 아이들에게 다양한 문화예술을 경험하게 하기 위함이기도 했지만, 나 자신을 위한 이유가 더 컸다. 세계 여러 나라의 공연을 관람하면서 세계여행을 하는 기분이 들기도 했다. 또 문화적인 다양성을 배우면서 영감을 얻고 에너지를 전달받는 기분은 너무 평범한 일상 속에서도 주도적으로 신나게 살아갈 수 있는 힘이 되어 준다.

이렇게 영감을 받고 사고를 확장해 갈 수 있는 무언가가 있는 건 늘 새로운 주제로 라이브방송을 해야 하는 방송인에게 큰 무기가 되는 것 같다. 미리 공연 예매를 하며 보기도 하지만 때로는 비가 오는 날이면 과수원 일을 할 수가 없어 비교적 여유 있는 시간이 만들어져 즉흥적으로 영화관에 가기도 한다. 공연 관람은 계획을 갖고 보는 편이고 영화관람은 느닷없이 시간이 될 때 즉흥적으로 보는 경우가 많다.

이도 저도 아닐 때는 책을 읽기도 한다. 독서의 중요성은 어릴 때부터 아주 귀에 딱지가 앉을 듯 어른들에게 들은 이야기지만 그 당시에는 노는 게 제일 좋을 때라 책을 본다는 건 있을 수 없는 일이었다. 노는 걸 포기하고 책을 봐야 했으니 내 시간을 책에 뺏길 수 없다는 신념이었을까? 중년이 되어보니 아이들도 웬만큼 커서 내가 쫓아다닐 필요가 없어지면서 읽고 싶었던 책들도 읽으며 다양한 문화적 경험을 여행한다. 시골에서 농사만 짓느라 흙과 풀과 나무를 보며 사는 것도 좋지만 문화적 경험이 풍부해지면 삶이 더욱 윤택해지는 것 같다. 작년부터 코로나 때문에 많은 공연을 보러 다니지 못하다가 지난 2월에 서울까지 올라가서 거의 1년 만에 둘째 아이와 함께 뮤지컬을 보고 왔다. 예매하고 공연일까지 기다리는 시간도 즐겁고, 서울까지 올라가는 기차 속에서도 기대와 설렘으로 이동시간이 긴지도 몰랐다. 두근거리는 마음으로 공연장에 들어가면 객석의 조명이 꺼지고 무대의 불빛이 열리기 시작한다. 배우들의 합창과 현란한 몸짓, 무대 아래서 연주하는 오케스트라와 장면마다 바뀌는 무대연출, 조명까지 모든 순간이 기분 좋은 긴장과 설렘으로 휘감는다. 공연이 진행되는 이 순간들의 이런 감정들이 나는 참 좋다. 기분 좋을 정도의 긴장감과 설렘을 주는 공간, 그건 라이브방송하는 사람에게뿐만 아니라 삶을 살아가는 모든 이에게도 필요하다. 편하고 쉬운 것들만 하기보다 나를 긴장감 있게 만들어 주는 그 무엇은 반드시 있어야 한다. 그래야 재미있고 신나는 삶을 살아갈 수 있을 거라고 나는 생각하고 있다. 내가 있는 곳에서 할 수 있는 모든 걸 발휘하여 사고를 확장할 수 있기를 바란다.

준비되어 있는 자에게만
위기는 기회가 된다

기술센터를 통해 배워온 SNS 활용 교육은 기본에 충실하고 지속적으로 꾸준히 배운 걸 익히고 훈련할 수 있게 해준다. 교육을 받은 사람은 많지만 꾸준히 하는 교육생은 사실 반의반도 되지 못하는 경우를 많이 봐왔다. 그럼 왜 배움에만 그치고 활용하지 못하는 걸까? 대부분의 교육들은 농가에서 활용하면 좋은 아이템들인데 한두 번 해보고 다 했다고 하는 사람들도 있다. 무언가 성과를 기대한다면 한두 번 가지고 과연 될까? 꾸준히 하는 건 자발적인 자세가 무척 중요하지만 분명한 동기부여를 찾고 목적의식을 갖는 것도 중요하다.

라이브방송을 같이 교육받은 사람들과 실력을 비교하여 처음 출발점에서 누군가 도드라져 보이며 잘한다고 괜히 주눅들 필요도 없다. 처음이야 어쨌든 간에 끝까지 살아남는 자가 성공에 가까워질 가능성이 더 크니 꾸준히 될 때까지 하는 게 제일 중요하다. 아무도 관심 가져주지 않을 때 혼자서 하는 1인 라이브방송은 본인이 즐거워야 그마저도 계속할 수 있는 힘이 된다. 처음부터 많은 사람들의 관심을 못 받는다고 멈추지 말고 계속 혼자 연습하면서 재미있는 소재들을 찾아 이것저것 많이 해보는 게 좋다. 처음부터 인기스타가 어디 있겠는가? 한 사람 한 사람 모이다 보면 같이 공유할 이야기들이 생기고 입소문도 난다. 그러다 보면 친구의 친구들이 관심 갖고 찾아오고, 그러다 보면 팬도 생길 수 있는 법이다. 반드시 유명 연예인만 인플루언서가 되라는 법은 없다. 한 명 한 명 소중한 인연으로 소통하다 보면 많은 사람들이 방송을 기다리는 날도 있을 것이다. 주변의 모든 소재들을 이용해 최대한 다양한 콘텐츠로 방송을 하면서 훈련하다 보면 자신감을 갖게 되고 재미를 찾을 수 있을 것이다.

라이브방송을 하면서 주변의 것들을 최대한 이용하여 아이디어를 구상하다가 '전 국민 1일1배운동'을 전개해 봤다. 라이브방송으로 해시태그를 넣고 방송하면서 1일1배 운동을 홍보하며 전 국민에게 하루에 하나씩 배를 먹기 위한 운동은 이름만으로도 큰 파장을 일으켜 지난해 배의 재구매율이 과수원 역사상 가장 단시간에 많이 일어났던 해로 기록되었다. 또한 맛있는 사과 배를 일일이 주문하지 않아도 10일에 한 번씩 정기적으로 받아볼 수 있다면 어떨까? 라이브방송으로 정기구독 서비스 신청을 받아 10일에 한번 씩 열 번을 정기적으로 받아볼 수 있는 프로젝트를 만들었다. 이름하여 '십시일반 프로젝트' 내가 가지고 있는 소재를 이용하여 사과·배·사과즙·배즙을 골고루 보내드리는 프로젝트였다. 모집 기간에 신청을 받아 10월 20일부터 1월 20일까지 열흘에 한 번씩 다양한 구성으로 보내드린 '십시일반 프로젝트'는 시도만으로도 큰 성과였다. 생각하는 것들을 직접 해볼 수 있는 기회를 갖고 실행해 봄으로써 점점 더 라이브방송이 재밌어지고 다음 도전과제들을 생각해볼 수 있는 좋은 시간이 되었다.

또한 지난 2020년 코로나로 인해 외출이 자유롭지 못하고 비대면과 언택트 소비가 확대되다 보니 스마트폰을 갖고 있는 시간들이 더 많아졌다. 그러다 보니 페이스북으로 먹거리를 구매하고자 하는 분들이 많아져 꾸준히 해온 라이브방송 영상을 보고 많은 연락을 받아 구매가 확대되는 걸 체감하게 되었다.

또한 시골 작은 과수원에서 국내 최초 드라이브스루를 도입해 미리 주문서를 작성해서 보내면 원하는 시간에 과수원을 방문해 차에서 내리지 않고 픽업할 수 있게 했다. 주문서는 라이브방송 설명란에 링크를 걸어두거나 드라이브스루 이용을 원하는 분들께 문자나 카톡을 통해 주문 링크를 보내어 도착 시각에 맞춰 운전해 들어와 바

로 구입할 수 있는 과수원 최초 드라이브스루도 도전해 본 것이다. 고객님들의 반응도 "스타벅스나 맥도날드처럼 정말 드라이브스루가 된다", "신박하다"라며 새로운 도전에 많은 응원을 보내주었다. 그러다 보니 다음엔 또 뭘로 도전을 해볼까 하며 즐거운 고민을 하게 되었다.

라이브방송의 다양한 시도는 어떤 위기가 왔을 때 기회로 만들어 내 변화에 유연하게 대응할 수 있는 능력을 다지는 데 꼭 필요한 준비 기간이라 할 수 있다. 하고 싶은 걸 라이브방송을 통해 다 해보길 권한다.

5장

오늘 방송을 내일로
미루지 마라

농촌은 일상이 새로운 콘텐츠

시골에 살다 보면 계절의 변화를 다른 어떤 곳에서보다 가장 빨리 느끼게 된다. 그 계절을 다시 한 달로 나누고 한 달을 다시 하루씩 나누어 바라보면 그 하루의 중심에 내가 있고 내 주변의 소소하고 지극히 평범한 일상들이 늘 그 자리에 있다. 일상의 순간들은 잔잔한 바람이 스쳐 지나가듯 내가 기억해내지 않고 기록해두지 않으면 영원히 사라져버리게 될 것이다.

농촌의 하루하루는 더 이상 나의 부모님들이 새벽이슬 맞고 나가서 삽질하고 호미질하다 밤이슬 맞고 땀으로 범벅된 지친 몸을 누이기 바쁜 힘든 노동의 현장이 아니다. 요즘은 농기계가 다양하게 활용되어 농사일이 많이 순조롭고 편해졌다. 노동과 여가의 시간을 잘 조절하여 시간을 활용하면 편안한 시골 삶을 살아갈 수가 있다. 여가를 잘 보내는 건 남녀노소와 세대를 불문하고 삶의 질을 향상하는 지름길이다. 코로나로 인해 외출 제한을 받고 집안에서 할 수 있는 일들은 크게 달라지지 않았다. 하지만 집안에서도 즐길 거리들을 만들어내고 반려식물과 농산물들을 집안 베란다에서 키워 먹기도 하는 슬기로운 집콕생활로 큰 인기를 끌고 있다. 지난해 냉해와 긴 장마로 인해 대파값이 폭등하여 소위 '파 테크'라는 신조어가 유행하기도 했다. 농사에 관심도 없었던 사람들이 단지 파 값이 비싸서 집에서 키워 먹어본 것일까? 나는 그렇게만 생각하지는 않는다. 반려식물을 키우고 있는 많은 분들도 하루하루 자라는 식물을 보면서 매일 기대감과 설렘을 느끼며, 행복한 기운을 전달받고 때론 큰 위로를 받게 된다. 물론 내가 직접 키워서 얻는 기쁨이 더 크겠지만, 크는 과정을 함께하고 그 결과를 함께 나누는 건 그 어떤 것과도 비교할 수 없는 놀라운 경험이다. 반려식물을 통해서도 이렇게 큰 삶의 변화를 경험하는데 무릇 사람이 먹는 농산물을 직접 키워서 먹는 행위는 어떨까?

하지만 도시의 모든 가정이 베란다 텃밭을 갖추기는 어려운 일이다. 농촌에 사는 농부들이 농촌의 일상을 1인 라이브방송을 통해 보여주고, 내 농장에서 키우고 있는 농산물이 어떻게 크는지, 어떤 과정을 통해 수확하고 선별·포장하는지 전 과정을 라이브로 방송을 하다 보면 소비자들에게 많은 정보를 줄 수 있고, 신뢰를 구축할 수도 있다.

내가 마트에서 사 먹는 사과를 어느 지역의 어떤 농부가 어떻게 농사지어 우리 주방까지 오게 되는지 알고 싶어 하는 소비자들이 증가하는 추세이다. 게다가 농사짓는 과정에서 알레르기 반응을 일으키는 요소는 없는지까지 면밀히 살피는 소비자들도 많아지고 있다. 이런 소비자들에게 이른 아침 짙은 안갯속에서 꿈틀대는 새싹에서부터 시작되는 생명의 탄생과정을 소비자들에게 라이브로 보여줌으로써 농산물의 가치를 확고히 할 수 있다. 농사를 짓지 않는 수많은 소비자들에게 반려농부가 되어 함께 농사짓는 마음으로 모든 과정을 라이브로 방송하자.

하루하루 라이브방송을 했던 영상을 약간의 편집을 통해 다듬고, 자막과 음악도 살짝 넣어 동영상으로 제작해 유튜브에 업로드한 후 더 많은 사람들의 반려농부가 된다는 마음으로 SNS에 퍼트리도록 하자.

'여러분이 드시는 농산물은 이렇게 재배되었답니다'

모든 걸 갖추고 시작하려면
평생 아무것도 할 수 없다

1인 라이브방송을 시작할 때 가장 중요한 건 폼나는 장비가 아님에도 불구하고 굉장히 많은 사람들이 장비 세팅에 신경을 더 많이 쓴다. 그래서 1인 미디어 라이브방송 교육을 받고 라이브방송을 시작하려 할 때 장비부터 알아보려 한다. 물론 장비가 주는 안정감과 전문가다운 포스를 만들어 준다는 점에서는 동의하는 부분도 있긴 하다. 하지만 그것만이 전부가 아니란 걸 방송을 진행하다 보면 알 수 있을 것이다.

교육을 마치고 한참이 지난 후 함께 교육받았던 동기들을 만나 "요즘 왜 방송을 안 하느냐?"라고 물으면 "장비가 없어서 못 한다", "공간이 없어서 못 한다", "시간이 없어서 못 한다", "방송할 게 없어서 못 한다" 등 방송을 못하는 이유가 차고 넘친다. 그중 가장 많은 탓은 장비 탓이다.

훌륭한 장인은 연장 탓을 하지 않는다고 하지 않았던가? 그래도 장비빨이라고 한다면 그 사람의 취향을 존중한다. 하지만 라이브방송 백 번을 목표로 할 때 시도 때도 없이 방송이 몸에 익숙해질 때까지 연습에 연습, 훈련에 훈련을 계속해야 한다. 다른 장비들 보지 말고 셀카봉 삼각대 하나만 있다면 바로 시작할 수 있어야 한다. 삼각대도 엄청 좋은 걸로 살 필요도 없고 2~3만 원 정도의 휴대폰을 지지해 줄 수 있는 정도면 충분하다. 그나마도 농장에서 걸으면서 라이브방송을 할 수 있으니 셀카봉 삼각대를 추천할 뿐이다. 하지만 방송 입문용으로 생각하고 비싼 거 살 필요 없이 언제 어디서든 공간에 제약을 받지 않을 정도의 크기와 무게를 염두해 구입하면 족하다. 너무 큰 건 무게가 있어 안정감을 줄 수 있지만 휴대하기가 불편하다. 그래서 몇 번 사용하다 보면 잘 안 가지고 다니게 되지만 고정적인 장소에서 사용하기엔 좋다. 반대로 너무 작고 가벼운 건 휴대하기는 편하지만 폰 고정이 잘 안 될 수 있고, 가지고 다니기에는 편하지만 그러다 보니 잃어버리기도 쉽다. 그래서 그랬나? 라이브방송 초기에 두 개 정도의 셀카봉 삼각대를 잃어버린 건 이런 이유가 있었나 보다.

아무튼, 언제 어디서든 라이브방송을 할 수 있을 때까지는 끊임없는 훈련의 시간이 필요하다. 홈쇼핑 쇼호스트까지는 아니어도, 내가 농사지은 농산물을 중간 소개자와 수수료 없이 내가 직접 산지에서 농사짓는 과정을 함께 보여주며 농산물을 소개하는 생산자 1인 라이브방송이야말로 요즘 소비자들이 원하는 방향이기도 하다. 실시간 라이브를 통해 농부는 농산물을 재배하면서 겪었던 이야기와 관련 작물에 얽힌 사연들, 어떻게 먹으면 좋은지 등 하고 싶은 이야기를 하면서 시청자들의 댓글을 보며 실시간 소통을 한다. 이 과정에서 산지 직거래도 더욱 활성화되니 모두가 만족하는 결과를 창출하는 셈이다. 게다가 1인 가구의 증가에 따라 소비의 형태도 지극히 개인화되고, 개인화된 소비 형태에 발맞추어 판매방식과 포장도 개인화된 소포장의 형태로 확산되어야 할 것이다. 따라서 생산자 1인 라이브방송 라이브커머스는 더욱 확대될 것이다.

정식으로 라이브커머스 교육을 받으면 더 좋겠지만 처음 시작하는 단계도 아주 쉽고 간단하다. 앞부분의 '페이스북으로 라이브방송 시작하기'만 두어 번 읽으면 어렵지 않게 방법을 익힐 수 있다. 스마트폰이니 가능한 것이다. 스마트폰이 왜 스마트폰일까? 정말 똑똑해서 스마트폰이다. 뭐든 간단한 방법을 익히면 굉장히 스마트하게 알아서 척척 해 주니 정말 기본적인 것만 익히면 남은 삶을 스마트하게, 신나게 보낼 수 있게 된다. 물론 교육도 중요하고 장비도 중요하지만 무엇보다 제일 중요한 건 방송하는 주체의 마음가짐이라고 생각한다.

좋은 조명, 화질 좋은 카메라, 폼 나는 주변 장비들이 라이브방송의 지속성을 보장해 주지 않는다. 주변에 좋은 장비들 갖고 있으면서 라이브방송을 하지 못하는 사람들도 여럿 봤다. 방송의 주체가 내가 되어 재밌고 즐거워야 장비 탓하지 않고 오래오래 꾸준히 지속적으로 진행할 수 있다. 뭐가 없어서 방송을 못한다는 건 비겁한 변명밖에 되지 않는다.

이 책을 손에 든 독자라면 적어도 라이브커머스에 대단한 관심을 갖고 있으리라 생각한다. 그런데 혹시 책에서 라이브커머스를 쉽게 할 수 있는 방법만 읽고, 그 다음은 "에이 별것도 없네." 하며 책 구입한 걸 후회하는 독자가 있을까 우려된다. 적어도 백 번의 라이브방송을 해 보고 난 후에 평가해주기를 정중히 부탁한다. 백 번을 마친 후에야 어느 정도 공감할 수 있는 부분을 찾게 될 것이다.

라이브방송이 생활에 한 부분으로 자리 잡을 수 있게 꾸준히, 지속적으로 방송을 하는 게 좋다. 아직 방송할 준비가 되지 않았다고 말하는 사람들도 많다. 우리가 삶을 살아가면서 완벽한 준비를 하고 시작하는 일이 과연 얼마나 될까? 부모가 될 준비를 완벽하게 하고 부모가 되는 사람은 얼마나 될까? 아이들을 낳아 키우면서 부모들이 더 성숙해지는 걸 경험해 봤을 것이다. 나 역시 세 아이들을 키우면서 '내가 아이들을 키우는 게 아니라 아이들이 나를 키우고 있구나' 하고 생각한 게 한두 번이 아니다.

완벽한 발성과 표정과 발음을 갖추고 완벽한 조명과 촬영장을 갖추고 할 수 있겠냐마는(물론 할수 있다면 그렇게 해도 되겠지만), 그 모든걸 다 갖추고 방송을 하려면 앞으로 몇 달 뒤에 시작해야 할 수도 있고 길게는 몇 년 동안 준비해야 할지도 모른다. 그러기엔 세상은 너무 빨리 변화하고 있고, 시간을 투자해 완벽하게 준비하고 시작한다면 이미 세상은 또 다른 방향으로 변화되어 있을 것이 분명하다. 변화되는 세상에 한발 앞서가는 건 일찌감치 다른 전문가들에게 양보하고, 다만 멀리 뒤처지지 않게 변화에 발맞춰 갈 수 있기를, 아니 반발 뒤에서라도 괜찮으니 시대의 흐름을 남의 일이라고 멀찍이 서서 관망하지 말고 적극적으로 함께 나아갈 수 있도록 최소한의 노력을 멈추지 말자. 그러면 1인 라이브커머스로 내가 농사지은 농산물의 완판은 더 이상 남의 이야기가 아니게 될 것이다.

방송의 기술과 능력이 완판을 좌우하는 것만은 아니다. 내가 하는 일에 자부심을 갖고 애정을 쏟으며 즐겁게 하는 모습을 보고 시청자들은 공감하고 응원을 보내주는 것이다.

그러니 더는 미루지 말자. 지금 당장 라이브방송 시작!

f Live Commerce

쉬운 것부터 지금 당장
해보는 게 중요하다

장비 세팅은 나중으로 미루고 라이브방송은 일단 쉬운 것부터 다음이 아닌 지금 당장 해보는 게 무척 중요하다. 처음부터 어떤 상품을 주제로 라이브방송을 하는 것보다 내 주변에 늘 있는 소소한 소재들부터 방송을 편안하게 시작해보자. 아침에 일어나 농장을 산책하는 것으로 라이브방송을 시작해보는 것도 아주 좋다. 이른 아침 짙은 안개들 사이에서 피어오르는 연둣빛 새싹을 보며 농장을 걷는 라이브방송은 세상 어디에도 없는, 오직 나에게만 있는 좋은 콘텐츠이다. 뭐 이런 것까지 하냐며 대단치 않은 일상들을 하찮게 취급하지 마시길 부탁한다.

개인적인 것들을 라이브방송을 통해 공유하고 소통하다 보면 함께 해주는 시청자들이 하나둘 생기게 된다. 이들에게 시골의 일상은 도시 생활로 쌓인 피로감을 풀어내고 향수를 불러일으킨다. 더하여 농사 정보도 알게 되는 좋은 기회가 된다. 그러니 처음에 라이브방송

몇 번 해보고 효과가 없다고 그만두지 말고 꾸준히 방송을 하면서 연습하자. 몸이 반응할 수 있게 조급해하지 말고 체득하는 시간을 넉넉하게, 여유롭게 갖기를 바란다.

다른 사람들 라이브방송 하는 걸 보면서 배울 수도 있지만, 자신이 가장 잘 할 수 있는 것들을, 가장 자연스러운 소재로 삼아 보자. 집에서 흔한 식사 준비하는 것도 좋은 소재가 된다. 요즘은 집밥이 대세, 어느 때보다도 나이가 많고 적음을 떠나 1인 가구와 다인 가구 등 모든 가구에서 집밥에 많은 관심을 갖는다. 하지만 매일 매끼 준비하는 밥상은 주부에게도 큰 걱정거리이고 1인 가구인에게도 엄청 큰 고민거리다. 시골에서 직접 농사지어 텃밭에서 수확한 먹거리들을 이용한 상차림은 도시민이 가장 부러워하는 밥상일 것이다.

제철에만 맛볼 수 있는 취나물, 머위, 두릅, 엄나무 순, 고사리 등 시골은 뒷산만 오르면 제철 반찬 재료들이 가득하다. 이른 아침 뒷산에 오를 때 나물 뜯을 바구니만 챙기지 말고 스마트폰과 삼각대를 꼭 챙겨서 나가야 한다. 집을 나가면서부터 페이스북을 켜고 라이브방송 시작!

"안녕하세요~. ○○에 사는 ○○○입니다. 요즘 같은 봄날에는 집 뒤쪽 언덕을 살짝만 올라도 곳곳에 건강한 먹거리들이 가득 있답니다. 오늘 아침은 저와 함께 뒷산에 오르면서 만날 수 있는 제철 먹거리들을 찾아볼까요? 요즘은 아무 산이나 올라가 임산물 채취를 할 수가 없으니 알아보고 가셔야 해요~. 어제 비가 살짝 내려선지 고사리가 많이 보이네요. 고사리 좀 뜯어 고사리나물을 해 먹어야

겠어요. 많이 뜯게 되면 삶아서 말린 후에 잘 보관해두고 육개장 끓일 때 써야겠네요. 고사리 뜯는 재미가 좋아요. 하나씩 뜯다 보면 어느새 한 바구니 되어 부자가 된 것 같다니까요~. 왜 아이들 손을 고사리에 비유하는지 지금 딱 보면 아시겠죠? 정말 아이 손같이 예뻐요. 늦게 오면 고사리순이 펼쳐져서 먹지도 못해요. 때맞춰서 아주 잘 왔네요~. 어머 앙상한 가지 끝에 작은 순 보이나요? 두릅이 새순을 올렸네요…"

이렇게 내 주변에 있는 것들을 모두 소재로 하여 소개하는 말로 시작하다 보면 시청자들의 질문이 들어온다. 질문에 답하고 관련된 추억들이 있다면 추억을 공유하는 이야기를 해도 좋다. 그렇게 뒷산에서 채취한 나물을 삶아 말리면서도 라이브방송을 해도 좋다. 나물을 삶을 때 주의점들을 이야기하면서 삶거나, 삶아낸 나물들을 먹기 좋게 무치는 요리를 하는 것도 너무 좋은 콘텐츠다. 라이브방송을 나중에 동영상으로 남길 수 있으니 방송을 마치고 영상을 다운받아 편집 후 유튜브 채널에 올려두면 검색을 통해 들어와 보는 분들께 좋은 요리정보를 줄 수도 있다. 또 멀리 사는 자녀들에게도 손맛의 비결을 전수하는 차원에서도 좋은 영상이 될 것이다.

방송을 너무 잘하려고 하면 더 힘이 들어가고, 힘이 들어간 방송은 보는 이도 부담스럽고 어려울 수가 있다. 그냥 평소에 말하던 습관대로 편안하게 방송을 진행하면 되고 너무 어렵게 접근하지 않았으면 한다. 편하게 말하려면 주변의 편안한 것들을 최대한 활용하여 정말 쉽게 시작해보는 게 아주 중요하다. 나에게는 너무나 흔한 소소한 것들이라 그 가치를 생각도 못한 나머지 방치해 둔 소중한 가치들이 너무나 많다. 나만이 지닌 모든 자원과 능력을 끌어내어 라이브방송을 하다 보면 내 주변의 모든 것에 큰 의미가 생기고 가치를 느낄 수 있을 것이다.

다른 사람을 위한 게 아닌, 나의 삶을 신나고 재밌게 하기 위해 라이브방송를 한다고 생각해보자. 누가 나를 따라다니면서 방송촬영을 해줄 수도 없지만, 지금은 스마트폰 하나만 잘 활용한다면 혼자서 못할 게 없는 시대다. 내가 직접 라이브방송을 준비하고 혼자 진행하고, 이 얼마나 놀라운 시대란 말인가? 다른 사람이 만든 영상을 보는 용도로만 스마트폰을 활용하지 말고 내가 하고 싶은 걸 라이브방송으로 만들어 보는 SNS생산자가 된다는 건 매일 별 다를 게 없이 평범한 일상을 의미 있게 만드는 1인 작업. 나만의 이야기를 지금 바로 내 방식대로, 내가 하고 싶은 대로 시작해보자.

아는 것과 해보는 것은 다르다

각 지역의 농업기술센터에서는 다양한 정보화 교육이 연중 구성되어 있어 조금만 시간을 할애하면 지역의 센터에서 배울 수 있고 더 확장하여 도(道)기술원에서 교육을 받을 수가 있다.

기술센터도 있지만, 지역의 대학에서 운영하는 평생학습관과 시군에서 운영하는 교육프로그램을 이용해 다양한 SNS교육을 받을 수도 있다. 코로나 이전에 기술센터에서 교육을 받을 때 정보화 교육장에 수용인원을 가득 채워 20여 명 또는 그 이상의 인원이 교육을 받는다. 한 가지 교육프로그램에 대개는 20~60시간의 교육시간으로 편성을 하여 1주일에 하루 4~5시간을 하거나 주중 2회로 나누어 10시간을 운영한다.

교육진행과정을 전부 이수하여 20여 명이 배운 과정을 다 실천하면 좋을 텐데, 현실적으로는 교육이수생의 20% 정도 남짓한 수강생들만이 적극적으로 열심히 배움을 실천하지 나머지 수강생들은 하고 싶을 때 아주 가끔씩 실천해 보거나 더러는 교육 과정을 마치고 단 한 번도 실행에 옮기지 못한다. 블로그를 처음 배울 경우 사진을 찍고 글을 쓰면서 굳이 나를 드러내 보이지 않아도 된다. 하지만 유튜브 채널을 만들어 동영상을 꾸준히 업로드하는 건 블로그보다도 시간과 노력이 더 필요한 작업이다. 그렇다 보니 실제 많은 농업인들이 유튜브 채널을 만들어 활동을 하고 있지만, 스타급의 농업인 유튜버들이 있는가 하면 구독자 천 명 미만의 채널을 운영하는 사람도 있는 등 천차만별이다. 나 역시 그렇게 많은 구독자를 얻지 못하고 있지만 쉬지 않고 계속 영상 업로드 훈련을 하고 있다. 많은 농업인들이 꾸준히 좋은 영상으로 몇 개월 만에 몇천, 몇만 명을 돌파하는 등 승승장구하는 농업인 유튜버들도 많이 증가하여 갈수록 농업인의 유튜브 활동은 다양하게 확대될 것으로 보인다.

작년에 전북 농업기술원에서 주최한 농업인 유튜브 양성 교육프로그램에 전라북도 내에서 유튜브를 운영하고 있는 농업인들을 대상으로 구독자 100명 이상인 농업인을 한정하여 전북지역의 10명을 선정해 1년간 교육생 농가를 직접 방문하여 동영상을 찍은 후 영상을 편집하여 유튜브 업로드 연습을 하고 각자의 농가에서 열심히 활용하였다. 교육도 교육이었지만 실제 유튜브를 활용한 판매방법을 나누고 농가 방문을 통해 정보들을 공유하며 직접 본인 유튜브에도 활용하는 등 계속 승승장구하는 농업인 유튜버들이 증가하고 있다.

라이브방송 라이브커머스 교육도 마찬가지이다. 교육 과정에서 열심히 배우고 계속해서 라이브방송을 해나가야 뭔가 눈에 보이는 작은 성과를 만들어 낼 수가 있다. 라이브커머스 교육을 받은 걸로 라이브방송을 할 수 있다는 생각은 굉장한 자신감의 표현이다. 하지만 방송준비를 위한 시간과 노력에도 불구하고 라이브방송 중에는 생각하지도 못한 상황들이 내·외부적으로도 벌어질 수 있다. 따라서 다양한 소재로 다양한 곳에서 방송해봄으로써 상황에 맞는 방송 진행 능력을 스스로 익히는 것이 아주 중요하다.

기본적으로 스마트폰 라이브 세팅을 하는 것은 거의 매일 같이 연습해야 몸에 배게 된다. 그렇지 않으면 시작하기도 전에 자신감을 상실할 수도 있다. 카메라 세팅을 마치면 1인 라이브방송에서 방송 중 시선 처리가 관건이다. 시청자가 방송을 보고 있는데 방송을 진행하는 사람은 다른 곳을 보면서 이야기하고 있다면 시청자는 곧바로 다른 곳으로 떠나 버릴 수 있다. 따라서 한 명 한 명과 눈 맞춤을 하는 카메라응시가 필요하다.

☑ 카메라 설치 시 주의점

- 카메라가 너무 높아 째려보는 각도가 나오지 않도록!
- 카메라가 너무 낮아 시청자를 내려보지 않도록!
- 눈높이와 카메라 위치가 15도 높거나 거의 평행!

카메라를 바라보면서 이야기하는 습관을 들이기 위해서는 무던히 노력해야 한다. 방송을 많이 해볼수록 디테일한 것까지 체크할 수가 있고, 경험치가 있어야 자신감도 생긴다. 특히 라이브커머스는 많이 해볼수록 본인의 스타일을 찾아낼 수 있다. 나를 찾아가는 시간을 너무 완벽하게 갖추어 시작하려 말고 지금 그대로 시작하면서 편안하게 계속할 수 있는 라이브방송이 되어야 할 것이다.

단시간에 큰 성과를 기대하기보다는 충분히 훈련하고 연습하는 시간으로 활용하면 좋을 것이다. 라이브방송을 2년 정도 먼저 해본 경험자이지만 라이브방송은 하루하루가 처음인 것 같이 새롭다. 물론 몇 번 안 해 보고도 프로의 기질을 발휘하는 사람도 있을 것이다. 하지만 일반 농업인이라면 카메라 앞에서 라이브로 혼자 말한다는 건 무척 큰 부담이고 압박이 될 수 있다. 특히 실시간 시청자의 숫자가 없으면 없는 대로 위축이 되고 실시간 시청자가 있으면 있는 대로 그 또한 부담스러울 것이다. 이때 평정심을 찾는 포인트를 잡기 위한 훈련 방송을 수시로 많이 해봐야 한다. 분명 스스로 찾을 수 있게 될 것이고, 정답을 못 찾는다 해도 더 좋은 대안이 틀림없이 나타날 것이다.

라이브방송 후 모니터링이 필요하다

라이브방송을 처음 했던 2년 전, 방송을 마치고 나서 한번 다시 돌려보는데 어찌나 부끄럽고 민망하던지 그날의 오글거림을 잊을 수가 없다. 열심히 하는 모습은 좋았지만, 많이 긴장하고 떨려서 그랬는지 내가 나의 방송을 계속 보는 게 좀 부담스러웠다. 그 방송을 나중에 좀 더 자연스러워질 때 라이브방송으로 어떤 성과를 내게 되면 그때 자료화면으로 쓰려고 소중히 간직하기로 했다. 평생 말하고 들어온 나의 목소리가 어찌나 낯선지, 화면으로 보는 나의 얼굴은 어쩐지 한없이 부끄럽고 어색하기만 했다.

그래도 애정을 갖고 방송을 다시 보자니 약간 거슬리는 행동들과 소리를 발견할 수가 있었다. 다시 보면 고칠 점들이 이렇게 보인다. 한참 말을 하다가 목이 건조해져서 침을 꼴깍꼴깍 넘기는 소리는 5분에 한 번 정도 계속되어 지켜보는 내내 자꾸 신경이 쓰였다. 내가 그런 마음인데 보는 시청자들을 어땠을지를 생각하니 더 부끄러웠다. 그리고 가만히 지켜보니 머리카락을 귀 뒤로 넘기는 버릇이 있다는 걸 확인할 수 있었다. 평소에 내가 아무 생각 없이 무심코 하는 행동들이 시청자가 되어 보니 고스란히 보이게 되었다. 라이브방송을 진행할 때는 불필요한 행동들은 삼가는 게 좋을 것 같아 그다음부터는 침을 꼴깍 넘겨야한다는 생각이 들 때는 고개를 돌려서 조용히 꼴깍 삼키거나 주변의 사물 쪽으로 시선을 돌리고 나서 침을 삼키는 등 잔기술을 이용했다.

언어의 사용도 연습이 필요하다. 평소에 잘 쓰지 않는 말을 하거나 사투리를 감추기 위해 표준말을 억지로 사용하는 것은 본인 스스로도 어색하고 힘들 것이다. 라이브방송 후에 모니터하는 것은 다음 방송을 준비하는 데 아주 중요한 자료가 된다. 고칠 점들이 보이고 평소에 쓰는 말들 중에서도 품격을 떨어뜨리게 하는 말의 사용은 자제할 수 있도록 스스로 노력해야 할 것이다. 농부의 말에도 품격을 갖도록~.

처음 라이브방송할 때 좋은 습관을 들이는 게 좋다. 그렇지 않고 방송을 하다가 바꾸려면 몇 배의 시간과 노력이 필요하게 될 것이다. 물론 어떻게 하든 본인 마음이 제일 중요하지만, 상식적으로 도덕적으로 문제가 되지 않을 범위 내에서 본인만의 스타일을 찾아가는 게 좋다. 내가 한 방송을 보고 고치는 것도 좋지만 라이브방송을 하는 다른 사람들의 방송도 보면서 배울 점과 고칠 점들을 적절히 배워 벤치마킹하여 나만의 방식을 찾아내면 더없이 좋은 결과를 얻을 수 있을 것이다. 이왕이면 같은 작물을 농사짓는 분의 선배 농가들의 방송을 보는 것도 좋지만, 농사짓는다고 매번 라이브방송 주제를 농작물과 농장으로 하는 것보다는 문화행사나 지역의 축제 같은 행사가 있다면 적극적으로 활용하는 것이 좋다. 한 달에 몇 번 목표를 정하여 방송을 하겠다고 결심했다면 한 주는 지역의 소소한 소식들을 전하는 특파원이 되어보고, 한 주는 우리 농장의 농작물이 커가는 과정들을 면밀히 방송한다면 시청자에게 다양한 소식을 제공할 수 있게 되니 소식을 기다리는 시청자들도 생기게 될 것이다.

코로나로 외출이 자유롭지 못하다 보니 많은 사람들에게 모바일을 타고 떠나는 랜선여행도 굉장히 매력적인 것이 된다. 언제 어디서든 스마트폰만 있으면 원하는 지역의 소식을 볼 수 있고, 제철에 맛볼 수 있는 과일과 농산물들의 수확 소식에 더해 추억과 그리움이 쌓인 고향 소식까지 만날 수 있다. 텔레비전 드라마보다도 더 생생하고 리얼한 경험을 제공해 줄 수 있을 것이다. 배운 것을 익히면서 하고 싶은 콘텐츠를 자유롭게 할 수 있으려면 모름지기 자기만의 스타일대로 꾸준히 라이브방송을 해야 한다.

그렇게 본인의 경험치를 다양하게 쌓아 자신 있게 하기 위해선 계속 연습하는 습관을 갖도록 해야 한다. 때로는 더듬기도 하고 어눌해 보이기까지 하는 말에 창피하고 부끄러워서 그만둬야겠다고 생각이 들 수도 있어 다시 못하겠다고 하는 사람들도 있다. 그 과정을 온전히 배움의 시간으로 활용해야만 조금씩 성장할 수 있다. 세상에 어떤 것을 할 때도 마찬가지겠지만, 특히 라이브방송은 '시간이 나면 취미로 해볼까?'라는 생각으로 접근하면 발전을 기대할 수가 없다. 되든 안 되는 무조건 해봐야 알고 어떻게든 해봐야 나의 라이브방송

채널이 나아갈 방향을 찾을 수 있다. 하루를 돌아보며 일기를 써 나가듯, 라이브방송을 하고 난 후 전체 내용을 돌아보면서 한 발 한 발 나아갈 수 있게 된다.

처음 라이브방송을 시작해 30분을 진행한다는 건 쉽지 않은 일이다. 그것도 혼자서 방송의 주제를 정하고, 주제에 속하는 3가지 정도의 소주제를 미리 준비한 후 방송에서 최소한 3번 정도 반복한다는 생각으로 해보는 게 좋다. 라이브방송의 시청자는 계속해서 들고나는 경우가 많고, 아주 유명한 연예인이 아니고선 30분간을 계속해서 볼 수 있는 사람은 그리 많지 않다. 시간을 정해놓고 하면 더 많은 시청자들을 유입시킬 수는 있겠지만 시골에서 일하다가 방송시간을 맞춰서 방송한다는 건 작업 여건상 쉽지 않다. 시간을 내어 수시로 라이브방송을 하면 한 번 할 때마다 다양한 경험치를 쌓을 수 있고, 스스로 모니터링을 하다보면 다음 방송에 무얼 보충해야 하는지, 어떤 내용을 넣어야 하는지를 스스로 발견할 수 있게 될 것이다.

사과밭 한켠 콘테이너 창고의 변신 전

f Live Commerce

완벽함보다 꾸준함이다

며칠 전(2021.4.26) 아카데미시상식에서 세계적인 배우들과 어깨를 나란히 하고 수상자 후보에 올랐던 윤여정 배우님이 결국 여우조연상을 수상하게 되어 연일 뉴스와 각종 매체에서 소개되고 축하하는 분위기가 계속되고 있다. 세계적인 무대에서 수상하는 영광을 얻게 되었고 모두가 부러워하는 성공 앞에서도 겸손과 재치있는 유머, 솔직한 수상소감들은 많은 사람들에게 큰 기쁨과 감동을 안겨 주었다.

그녀는 50년간 묵묵히 멈추지 않고 한 길을 걸었다. 살아오는 중간에 어려움도 많이 있었지만 모든 과정을 견뎌내고 본인 스스로가 생계형 배우라 하며 절실했기에 멈출 수가 없었다고 한다.

물론 우리가 라이브커머스를 통해 아카데미에 오를 일은 없겠지만…, 아니, 전혀 상관 없지는 않을 것 같은 생각이 번쩍 들기도 한다. 세상은 많은 변화가 있었고, 지금도 변하고 있고, 앞으로 5년 뒤엔 또 얼마나 달라진 세상에서 살게 될지는 모를 일이다. 스마트폰을 사용하게 된 지 이제 겨우 10년밖에 되지 않았지만, 손안에 있는 스마트폰으로 세상 못할 일이 없을 정도다. 변화하는 세상에서 리더가 되는 건 어려운 일이지만, 변화를 유연하게 받아들이고 변화의 언저리에 발맞추어 가는 것만으로도 이 시대를 함께 살아가고 있음을 느끼게 하는 일이 될 것이다.

오래전에 마케팅 관련 글을 읽다 보니 마케팅 상품을 소비자에게 인식시키려면 최소 27번의 노출이 있어야 한다고 한다. 대기업도 아니고 유명한 브랜드의 상품은 아니지만 나 스스로가 브랜드가 될 수 있도록 노출이 되어야 한다. 여기서 노출은 신체적인 노출이 아니고, 내가 가지고 있는 상품에 대한 광고와 내가 농사짓고 있는 현장의 노출을 의미한다. 예전엔 광고를 하려면 신문이나 전단지를 사용해야 했지만, 요즘은 스마트폰의 다양한 앱을 활용한 노출을 무료로 할 수 있는데 하지 않을 이유가 없을 것 같다. 지금도 신문지면 광고나 TV 방송광고에는 큰돈이 드는 것으로 안다.

하지만 나에게 맞는 플랫폼을 이용한 라이브방송은 꼭 농사가 아니어도 관련된 현장의 모습을 노출하고 내가 그곳에 함께하고 있음을 꼭 보여주는 현장의 사실적 묘사를 통해 개인의 취향을 저격하기가 더 쉬워진다. 스마트폰 보급률 전 국민 93%, 세계 1위 국가임에 스마트폰을 활용한 콘텐츠들은 더 많이 발달하고 라이브커머스의 영역이 더욱 활발해질 것이다. 그래서 지금이 바로 라이브커머스를 시작할 때인 것이다.

커다란 바위를 자연석으로 그냥 둘 수도 있겠지만 정을 쳐 깎아내어 아름다운 조각상을 만들어 내면 세월이 변하고 세대를 넘어감에 따라 훌륭한 예술품으로 가치가 높아진다. 마찬가지로 라이브방송도 한 두 번 해보고 나와 맞지 않는다 생각하고 그만둔다면 그냥 그럭저럭 지내다 흔적도 없이 사라지게 될 것이다.

100세 시대? 아니 이제는 120세 시대라 해도 과언이 아니다. 앞으로 남은 삶이 여태 살아온 날들보다 더 많을 우리가 꾸준히 재밌게 즐기면서 할 수 있는 일이 몇 가지나 될까? 무의미한 일상을 나만의 방송으로 뒷산에 산책가는 길에도 라이브방송을 하고 시골 장터에 가서도 라이브방송을 하고 등산을 하거나 낚시를 하거나 취미생활을 하면서도 라이브방송을 꾸준히 한다면 삶이 더 신나고 재미있어 더 가치 있게 될 것이다.

라이브방송을 2년 넘게 많이 해 왔어도 여전히 어려운 상황에 직면할 때가 있다. 물론 처음 방송할 때와는 결이 다른 어려움이지만, 지금도 꾸준히 배우고 훈련하며 다듬는 중이다. 라이브커머스 분야에서 최고의 자리에 서고 싶어 하려는 것은 아니어도 시작했으니 이왕이면 잘하고 싶은 마음은 사실이다. 그저 '하고 싶은 방송을 나만의 방식으로 꾸준히 하다 보면 무엇이라도 되어있지 않을까.'라는 마음에 내가 할 수 있는 부분에 최선을 다해 노력하고 있을 뿐이다.

꾸준히 2년 넘게 라이브방송을 하다 보니 많은 기회가 주어지게 되었다. TV 뉴스 인터뷰, 라디오 방송 출연과 갖가지 인터뷰 기사들이 있었고, 강의 의뢰까지 있었지만, 그중 가장 인상적인 것은 바로 이렇게 글을 쓰고 있는 기회가 아닐까 싶다. 아주 먼 훗날 언젠가 나의 이름으로 책을 한 권 써보고 싶다는 마음을 막연히 꿈으로 갖고 있었는데, 이렇게 빨리 기회가 주어진 것이다. 방송을 전문가답게 아주 잘 해서 기회가 온 것은 아닐 것이다. 한두 번 방송을 하다가 그만두지 않고 꾸준히 해 와서 잘하건 못하건 간에 주목을 받게 된 것같다. 특히나 농업인 중에 꾸준히 방송을 하는 사람을 찾기 힘들었을 것이라는 게 섭외 이유 중에 있을 것이다.

농사를 지으면서 라이브방송을 하고, 라이브커머스를 하는 건 쉽지 않은 일임에 분명하다. 하지만 과거의 방송 개념으로 보지 않고, 1인 라이브방송에 대한 약간의 이해가 있다면 누구나 1인 방송 농부가 되어 직접 농사지은 농작물을 완판하기도 어렵지 않다. 또 라이브방송을 통해 하고 싶은 것들을 해내어 활동할 수 있는 영역도 확대가 될 것이다. 완벽하기보다 꾸준히 하면서 다듬어져 더 자신감 있게 신나는 라이브방송을 이어갈 수 있길 바란다.

라이브방송을 잘하기 위해
버려야 할 것들

라이브방송을 먼저 시작해본 경험자로서 라이브방송을 계속하고 라이브커머스를 잘하고 싶은데, 늘 발목을 잡는 것 중 하나는 부끄러움일 것이다. 여기서 말하는 부끄러움은 카메라 울렁증을 이야기한다. 누가 뭐라 하지도 않는데 혼자서 괜히 쑥스럽고 민망한 기분은 카메라 앞에 처음 서는 사람들이라면 누구나 느끼는 감정일 것이다.

어떤 일이든 처음부터 잘하는 사람은 거의 없다. 하면서 배우고 익히고 고쳐가면서 다듬어지는 것이지 떡하니 완벽하게 하는 사람은 거의 드물다. 평생 살아오면서 카메라 앞에서 내가 하고 싶은 방송을 한다는 건 상상도 못했을 일이다. 하지만 스마트한 지금 세상을 함께 살아가고 있으니 할 수 있는 건 다해봐야 하지 않겠는가? 각자의 상황에 따라 이유는 다양하겠지만, 어찌 됐든 라이브커머스 영역에 들어왔으니 계속해서 앞으로 나아가야 한다. 부끄럼만 없어도 누구나 하고 싶은 말을 하면서 라이브방송을 하게 될 것이다. 그렇게 시작해서 방송의 시나리오도 구성해보고 재미를 붙이면 상상해 왔던 것보다도 훨씬 멋진 라이브방송인이 될 것이다.

나 역시 2년을 넘게 해 왔지만, 아직도 많이 부끄러움을 타고 있고, 극복하기 위해, 그리고 어제 방송보다 조금 더 나아지길 기대하면서 계속 꾸준히 라이브방송을 하고 있다. 스스로가 주눅 들지 말고 내가 하고 싶은 걸 자신 있고 당당하게 할 수 있도록 부끄러움은 버리고 시작하자.

라이브커머스의 발목을 잡는 것 중 또 하나가 남과 비교하는 것이다. 나는 그냥 나답게 하는 데에 가장 강력한 경쟁력이 있다. 세상에 오직 하나뿐인 콘텐츠이기에 더욱 빛을 발하게 된다. 남과 비교하면서 자꾸 자신을 과소평가할 필요도 없다. 부족한 게 있다면 열린 마음으로 배우고 앞으로 나아갈 방향을 모색해야지, 남과 비교하면서 자신을 괴롭히는 건 여러모로 도움이 안 된다. 다른 사람을 무조건 따라 하는 건 나답지도 않고 하는 사람도 보는 사람도 서로 불편한 방송을 만들게 된다. 물론 좋은 방송 소재를 벤치마킹하면서 배우는 것은 아주 좋지만, 방송 내용과 멘트까지 따라 하는 건 별로다.

또한 라이브방송 중에 실시간 시청자의 숫자에 민감하게 반응하지 말아야 한다. 요즘은 굉장히 다양한 플랫폼을 이용해 라이브방송 라이브커머스를 할수 있다. 갈수록 새로운 기능들이 업그레이드되면서 라이브방송을 마치고 난후에도 동영상으로 남아있어서 SNS를 통해 다시보기가 얼마든지 가능해졌다. 내가 방송을 하는 중에 한 사람의 시청자가 없다고 하더라도 노하거나 슬퍼하지 말아야 한다. 때로는 표시가 안 되어도 어디선가 보는 사람이 있고 당장 실시간이 아니어도 영상이 계속 남아있게 되니 뻘쭘하게 생각하지 말고 시청자가 보고 있다고 생각하면서 대화하듯 방송을 하는 게 좋다. 이때도 역시 눈은 카메라와 마주하고 아이컨택을 해야 한다. 라이브방송은 다른 어떤 것보다 신뢰를 구축으로 하는 방송이고 내 얼굴을 내보이며 하는 방송이니만큼 잘 모르는 건 모른다고 하는 솔직함이 있어야 하고 거짓말은 절대 안 될 일이다. 거짓말도 거짓말이지만 정확한 게 아닌데 잘못된 정보를 이야기하는 것도 안 된다. 특히나 건강에 관련된 민감한 부분들을 이야기할 때는 정확한 자료가 있다면 출처를 밝히는 것이 좋다. 자신이 없다면 잘 모르겠다고 솔직히 이야기하고, 다음 방송에서 아니면 방송을 마친 후 댓글로 정확한 정보를 전달하는 방법도 좋다. 홈쇼핑이나 공영방송처럼 방송심의가 있는 것은 아니지만, 나의 방송이고 불미스러운 일이 생기는 걸 방지하는 차원에서 부정확한 설명은 차라리 안 하거나 인용해서 방송하는 게 좋다.

조바심도 버려야 하는 항목 중 하나다. 천릿길도 한걸음부터라는 말이 있듯, 커다란 꿈을 갖고 있다면 긴 계획을 갖고 느긋한 마음으로 꾸준히 라이브방송을 하면서 소통을 해간다면 다양한 기회가 올 것이다. 누구에게든 기회는 공정하게 온다지만, 기회를 낚아챌 준비가 되지 않았다면 그 기회조차 손가락 사이를 스쳐 흘러나가는 바람처럼, 손가락 사이를 빠져나가는 모래알처럼 사라져버리게 될 것이다.

　기회가 오면 잡을 수 있게 할 수 있는 모든 걸 해 보는 도전정신을 발휘하도록 하자. 이제 모두 각자의 방송국을 하나씩 가졌으니 방송사 총수가 된 것이다. 방송의 시청률이 높아질 수 있도록 다양한 시도를 해보면서 재미있게 한발 한발 걷다 보면 어느새 천 리를 가고 만 리를 향해 걸어가고 있는 자신을 발견할 수 있을 것이다.

6장

강소농과
라이브커머스

f Live Commerce

팔려고 하지 말고 먼저 보여줘라

강소농은 아이디어와 기술력을 토대로 고수익을 올리는 작지만 강한 농가나 농민을 뜻한다. 각 지역의 기술센터에서 작지만 강한 강소농 농업경영인을 육성하기 위해 다양한 교육을 실시 중이다. 나 역시 농업인 정보화 교육을 받으면서 강소농 교육을 경험하게 되었는데, 농장 경영 전반에 관한 세세한 부분까지 개선할 점들을 찾아내 농가 소득을 향상시키기 위한 교육들을 받을 수 있다. 이 과정에서 대규모 경작을 하는 농가의 사례보다는 귀농·귀촌해서 농사를 시작했거나, 청년 농업인들의 농장경영, 수익 창출과 후계 농업인들의 농장운영개선 및 안정된 수익을 위한 방안들도 모색할 수 있게 된다.

농사를 오래 지었거나 얼마 되지 않은 초보 농사꾼들에게도 좋은 농산물을 생산하는 것에 대한 고민은 기본적으로 공통된다. 따라서 이 책에서는 굳이 생산에 관한 이야기보다는 어떻게 하면 직거래로 고정고객을 확대하고 잘 팔 수 있는지에 관련된 라이브커머스 활용법 이야기를 나눠보겠다.

현재 우리나라의 농작물 생산과정은 많은 분야에서 안정화가 되어가지만, 유독 판매하는 부분에서는 아직도 큰 어려움이 있다. 특히 최근의 상황을 보자. 코로나19로 인해 수입 농산물의 공급이 원활하지 못하게 되고, 우리 농산물의 수요가 증가함에 따라 적극적으로 우리 농산물을 소비하려는 소비자들이 증가하게 되었다.

　얼마 전 중국 귤과 파에서 착색제가 손에 묻어나는 영상을 보신 독자가 혹시 있을지 모르겠다. 물론 다 그런 건 아니겠지만, 눈으로 보고 살 수 있는 안전한 먹거리에 대한 관심이 증가하면서 농장 직거래도 증가하게 된다. 양이 많아서만 직거래를 하는 게 아니다. 텃밭에 심은 마늘, 양파, 오이, 고추, 고구마 등 내가 직접 농사지은 농산물은 모두 직거래를 할 수가 있는 때가 왔다.

　우리나라는 현재 스마트폰 보급률이 국민의 95%로 이는 어른, 아이 할 것 없이 전 국민의 95%로 세계 최고 수준이다. 코로나로 집에 머물러 있는 시간이 많아짐에 따라 슬기로운 집콕생활을 하는 사람들이 많아져 집밥이 증가하니 안전한 농산물 소비도 증가하게 되었다. 스마트폰을 활용한 소비도 증가하여 직거래시장은 더욱 확산될 것이다. 그래서 지금이라도 기술센터에서 실시하는 SNS활용 교육을 부지런히 받아 블로그도 하고 페이스북도 해서 내 농장의 농산물들이 소비자들의 검색을 통해 노출될 수 있게 포스팅을 꾸준히 해야 한다. 요즘 농부는 농사만 잘 짓는 것만이 아닌, SNS를 활용한 마케팅까지 직접 해야 진정한 강소농이라 할 수 있다. 이것저것 다 못하겠다 싶으면 라이브커머스(라이브방송) 한 우물만 파는 것을 추천한다.

라이브방송이 몸에 익히도록 내 농장에서 직접 농사짓는 현장을 보여주면서 시작해보자. 어려워 말고, 부끄러워 말고, 지금 내가 할 수 있는 것부터 시작하면 된다. 도저히 부끄러워서 내 얼굴을 보이면서 하는 게 힘들다면 일단 현장 우선 방송이라도 시작해야 한다. 농산물 인증이 있으면 좋지만 때로는 인증서보다 농사짓는 현장을 직접 눈으로 보는 것이 소비자에게 신뢰감을 더 준다. 농사만 짓고 판로 걱정 없이 생산물이 팔려나가 목돈을 만지던 시절이 있었다.

하지만 지금은 소셜미디어가 확장되어 마트에서 구입하는 양파까지 누가 농사지었는지 이력을 추적할 수 있게 되어있다. 소비자들은 더 많은 정보를 얻길 바란다. 내가 구입하는 사과가 어떤 의미를 지니는지, 수많은 사과 중 왜 꼭 이 농장의 사과를 선택해야 하는지에 타당한 이유가 존재해야 한다. 소비자들은 더욱 의미 있는 소비를 하려 하고 그 소비가 더 합리적이길 바란다. 우리 같이 작고 영세한 농가들이 대형마트와 가격경쟁이 될까? 예전에는 상대도 안 된다 했을지 몰라도 지금은 동등하다고 까지는 말을 못하겠지만 적어도 기죽지 않을 수는 있다. 우리에겐 대형마트와 홈쇼핑에서는 절대 보여줄 수 없는 현장의 날(생)것이 있으니 가능하다.

나는 요즘 생활필수품은 마트를 여전히 이용하지만 제철에 나오는 농산물은 거의 페이스북으로 직거래 구입을 한다. 여기 저기 알아보지 않아도 꾸준히 농작물을 포스팅하시는 농부님들의 농작물 생육 과정을 보면서 '곧 수확해서 판매하겠구나.' 하며 기다리다가 수확 후 판매하는 포스팅을 올리면 냉큼 주문하게 된다. 사과·배를 제외한 모든 것들은 다 따로 구입하는데, 전국에서 농사짓는 농부님들의 라이브방송이나 페이스북 포스팅을 보고 사게 된다.

앞서 말했지만, 어느 강의에서 듣기로 광고세계에서는 '27의 원칙'이 있다고 한다. 제품에 대한 이미지를 기억할수 있게 하려면 적어도 27번의 노출이 있어야 한다는 것이다.(아주 오래전에 들은 이야기라 정확한 건 장담 못하겠다)

나 역시 어느 날 갑자기 "사과를 수확했습니다. 사과 사세요."라고 했다면 한 달 만에 80톤을 판매할 수 있었을까? 2019년 4월부터 1주일에 두 번씩 라이브방송으로 "김제에서 사과 배 농사짓고 있는 '신나는농부'입니다."를 첫인사로 방송할 때마다 계속 반복하며 횟수를 셀 수도 없이 연중 과수원을 보여주며 방송을 계속했다. 배꽃이 활짝 피고, 배꽃잎이 비처럼 흩날리고, 새끼손톱만 한 배를 선보이고, 배봉지를 씌우고, 배밭에 풀을 깎으면서 수확을 준비하고, 수확하기 전 맛을 보고….

배의 성장을 함께 지켜봐 온 분들은 과수원 이야기에 자연스레 스며들어 함께 농사를 짓는 기분이었을 것이다. 반려동물, 반려식물과 함께하는 분들이 꾸준히 증가하고 있는데, 이제는 나와 내 가족을 위해 반려농부를 두는 것을 추천한다. 우리 아이가 좋아하는 사과 농부도 한 명 곁에 두고, 남편이 먹으면 좋을 것 같은 열대둥근마 농부도 곁에 두고 새콤달콤 레드향을 좋아하는 딸을 위해 레드향 농부도 곁에 두면 내가 직접 농사를 짓지 않아도 과정을 함께하면서 더 가치 있는 소비로 이어질 수 있을 것이다. 작년에 참외를 시작으로 멜론, 고구마, 감자, 옥수수, 들깨강정, 열대뿌근마, 토마토, 복숭아, 쌈채소 등 다양한 먹거리들을 직거래로 구입했다. 반려농부를 두니 상품별로 전국의 농부님들이 떠오르게 되는 것이다. 고급스런 포장이 아니어도 상품만 좋으면 직거래로 판매하기엔 충분하다. 하지만 먼저 팔려고 하지 말고 농사짓는 과정을 성실히 먼저 꾸준히 보여주면 좋겠다. 틈새시장을 개척해 고객을 확대해 가는 건 강소농 농업경영인이니 가능한 일이다.

요즘 굵직한 기업들은 홈쇼핑보다 라이브커머스로 뛰어들어 라이브로 상품을 판매하기 시작한다. 우리가 대기업의 라이브커머스와 경쟁하는 거다. 세련된 언변도, 화려한 조명이 있는 스튜디오가 아니어도, 우리는 스마트폰 하나만 있으면 논이든 밭이든 마음먹은 곳이라면 어디서든 1인 라이브방송을 할 수가 있다. 우리에겐 저마다의 스토리가 있으니 진심을 담아 1인 라이브방송에서 라이브커머스까지 가능하다. 꼭 물건을 팔아서가 아니다. 나의 하루하루를 라이브영상으로 기록한다는 게 얼마나 의미 있는 일인가?

돈 주고 사람을 두고 하는 건 비현실적이니 기술센터에서 배운 걸 최대한 활용해 나만의 영상을 차곡차곡 쌓다보면 나의 길이 분명 열리게 될 것이다.

홈쇼핑과 농업인
라이브커머스는 다르다

홈쇼핑과 농업인 라이브커머스의 가장 큰 차이는 제작비용에 있다. 홈쇼핑은 한번 촬영을 위해서 상품의 양도 어마어마하게 갖고 있어야 하고 많은 기술진을 동원해 가장 핫한 타임에 편성하기 위해서는 비용부담도 크다고 한다. 순수제작 비용만 해도 1억 내외가 들고 홈쇼핑 방송 중에 5~10억 정도의 매출을 기록해야만 수익성이 있다고 한다. 또한 수수료도 만만치 않고 방송심의의 규정을 준수해야 하기에 상품의 정보전달을 위해 사전에 철저한 준비가 필요하고 과대·과장 광고가 되어도 위험하다. 규제와 제작비용만으로도 일반 농업인은 접근하기조차 힘든 구조다.

그럼에도 불구하고 홈쇼핑으로 농산물을 판매하는 농부가 있다면, 그런 사람은 정말 대단한 일을 하는 것이라 생각해도 될 것이다. 물론 그 비용은 오롯이 상품 가격에 반영되어 소비자의 지갑에서 빠져나갈 테지만….

하지만 농업인 라이브방송 라이브커머스는 비용문제에서만 비교해 봐도 극과 극이다. 내가 갖고 있는 상품으로 방송을 할 수 있으니 대량판매가 목적이 아닌 다품종 소량판매가 가능한 것이다. 상품에 대한 정보도 직접 농사를 지어서 쌓인 노하우를 상품정보에 포함하여 전달하고 무엇보다 홈쇼핑에서는 보여줄 수 없는 농산물 생산과정을 직접 담아낼 수 있는 가장 강한 경쟁력을 보유하고 있으니 전문 쇼호스트의 세련되고 능숙한 진행실력에 쫄지 않아도 된다.

우리에겐 가장 강력한 현장의 생생함이 있다는 걸 잊지 말아야 한다. 농업인 라이브커머스는 1인 생산자 방송이다. 그래서 내가 준비해야 하는 부분이 많이 있긴 하지만, 온전히 나만의 방식으로 세상에 하나밖에 없는 방송을 만들어낼 수 있다. 너무 과하게 할 것도 없지만 일단 상품에 대한 정보는 많이 갖고 있는 게 다른 여타의 비슷한 작물과의 경쟁에서 우위에 설 수 있는 강점이 된다.

제품에 대한 정보를 많이 갖고 있어야 생방송 중 질문이 댓글에 올라오면 자신 있게 대답할 수가 있다. 스마트폰의 활용이 확대됨에 따라 거실에서 TV로 홈쇼핑을 보는 사람들은 줄어 들고 있다. 대신에 스마트폰으로 각자가 좋아하는 플랫폼을 이용해 개인의 취향에 맞춰 극히 개인적인 쇼핑을 하고 결제까지 쉽고 편리하게 할 수 있어 점차 확대되고 있다. 그 분위기에 따라 라이브커머스가 더욱 확장되어 대기업에서 운영하던 홈쇼핑을 라이브커머스로 전환하는 작업들이 현재 이뤄지고 있다.

이미 중국에서는 왕홍이라 칭하는 라이브커머스 군단들이 모바일의 소비를 이끌며 어마어마한 매출을 기록하고 있다고 한다. 2020년 코로나의 확산은 일상의 모든 부분을 변화시켰고 그 영향으로 외출 자제에 따른 소비심리는 모바일로 옮겨갔다. 코로나로 인해 수입 농산물의 공급이 불안전해지자 국내 농산물의 구입으로 자연스레 이동하였고, 이동제한에 따른 지역 농산물의 소비가 급증했다. 외식을 할 수 없으니 배달음식도 많이 증가했지만, 반대로 집밥도 증가하게 되었다. 우리 가족의 먹거리에 대한 관심이 더 커지고, 내가 먹는 사과는 누가 농사를 지었는지, 양파는 누가 농사지어서 식탁에 올라오는지에 대한 관심도 높아졌다.

정보가 차고 넘치는 인터넷에서 글과 사진도 소비자들의 장보기에 영향을 주지만 더 강력한 라이브로 직접 농사짓는 현장을 담아내고 사과가 크는 과정을 라이브로 봐온 소비자라면 사계절을 지켜봐 온 사과를 선택할 가능성이 높다. 대기업의 라이브커머스가 시장을 점령하는 날이 와도 흙을 밟으며 눈 오고 비오고 태풍 부는 가운데 농부가 직접 농사지으러 나온 현장을 생생하게 경험한 소비자라면 그렇게 지켜본 사과의 맛이 어떨지 더욱 호기심을 느낄 것이다.

소비자들은 구매를 결정하기까지 많은 정보들을 직·간접으로 접하게 되지만, 요즘처럼 정보가 넘쳐나는 시대에는 블로그를 봐도 거의 비슷한 포스팅이고 다 좋다는 말만 하니 정보에 대한 신빙성을 의심하기 십상이다. 하지만 직접 눈으로 보여주면 어떻겠는가? 어쩌다 우연히 한 번 보고 두 번 보고, 또 보면 결국은 확신한다. 그 과정이 세련된 말투가 아니어도, 깔끔한 복장이 아니어도, 예쁜 외모가 아니어도, 생생한 농업 현장과 어우러진 모습으로 농부에 대한 믿음이 자리하게 되는 것이다.

라이브방송을 계속하기 위해선 갖고 있는 역량들을 비밀스럽게 가둬두지만 말고 모든 걸 드러내어 보여줘야 한다. 내가 오픈하는 만큼 시청자도 경계를 낮추고 마음을 열게 된다. 라이브로 상품을 판매하기 위해서 쇼호스트를 캐스팅 할 수도 있지만 많은 비용을 지불해야 한다. 하지만 수천 박스를 지정된 시간 안에 판매해야 하는 것이 아닌 다음에야 판매할 농산물이 있다면 서툴고 어색해도 진심을 담아 진솔하게 직접 방송해보자. 농사짓는 과정을 몇 번에 걸쳐 지속적으로 라이브방송으로 소개하고, 간단한 포스팅으로라도 성장일기를 써보자. 계속해서 상품을 노출해 정보를 충분히 제공한 후 직접 라이브커머스를 하는 게 더 효과적이다.

모든 농부님들의 완판을 기대합니다~!
우리 모두 강소농이 되는 그날까지!
라이브커머스, 화이팅!

유튜브보다 더 편하고
쉬운 페이스북 라이브방송

농사를 지으면서 동영상을 찍고 영상을 편집해 제작하며 만들어 개인 유튜브 채널에 업로드하는 작업은 생각보다 많은 노력과 시간을 필요로 한다. 하지만 페이스북으로 진행하는 라이브방송은 영상 제작 시간을 줄여주는 것뿐만이 아니라 시청자와의 실시간 소통을 통해 더욱 돈독한 관계를 형성하도록 해준다. 물론 유튜브로도 라이브방송이 가능하지만, 구독자 1,000명과 시청시간 4,000시간이라는 조건을 충독해야만 라이브방송의 자격을 얻을 수 있다.

블로그를 운영하다가 영상제작까지 하고 싶어서 동영상 편집 교육을 받고, 이왕이면 수고와 노력으로 만든 영상을 많은 사람이 봐주면 자연스럽게 농장홍보도 될 것 같아 2018년 10월의 마지막 날 할로윈 데이 펌프킨을 배를 이용해 깎아 만드는 영상으로 첫 게시물을 만들어 올렸다. 동영상 편집기술을 좀 더 익히기 위해 기술센터에서 다시 교육을 받고 차근차근 다시 영상을 만들어 업로드를 시작해 2

년 6개월 정도 지난 지금 구독자는 1,500여 명이지만 영상은 533개에 달하게 되었다. 계산해 보면 알 수 있듯이 1주일에 3~4개 이상의 영상을 계속 올린 것이다. 유튜브에 영상 올려본 사람들은 알겠지만, 영상 하나 업로드 하는 게 쉽지가 않다. 농업 관련 콘텐츠로 활동하는 유튜버들에 비하면 보잘것없는 숫자이지만, 재밌어서 배운 걸 자꾸 해봐야 익힐 수 있으니 영상의 퀄리티보다는 연습하는 차원에서 생산량을 높이는 게 목적이었다. 예술성보다 생산성에 관심을 두다 보니 조회수가 그리 많지는 않고, 현재 최다 조회수를 찍은 영상은 1인 승용예초기로 배밭의 풀을 깎는 영상으로 5만6천 조회수를 기록하여 나름 자랑할만하다. 그만큼 영상 찍을 때도 편집할 때도 공을 많이 들였기에 가능한 결과였던 것 같다.

단점이라면 그런 영상을 많이 업로드하는 게 어렵다는 것이다. 농사지으면서 틈틈이 교육받으러 다니고, 블로그 해야지, 페이스북 해야지…. 유튜브는 꾸준히 영상을 올리기는 해도 참 시간을 많이 뺏기다 보니 고민이 많았다. 콘텐츠를 정하고, 동영상을 찍은 후 자르고 붙이고, 자막 넣고, 음악 넣고. 하나의 영상에 촬영을 한 시간 동안 한다고 하면 편집은 두세 시간이 필요했다.

그러다가 2019년 접하게 된 1인 라이브방송 교육은 여러모로 아주 훌륭했다. 두 마리의 토끼를 잡은 것 같았다. 라이브방송을 하고 난 후 영상을 다운로드한 후, 그 영상을 가지고 자르고 붙여 자막까지 넣으면 유튜브 영상까지 완성할 수 있으니 일석이조, 도랑 치고 가재

잡고…. 그렇게 만든 영상을 여러 SNS에 퍼나르면서 더 많은 홍보 효과도 있고, 다양한 이야기들로 풍성해지는 걸 알 수 있었다. 뭐든 새롭게 배우려면 열심히 교육받는 것도 중요하지만 어떻게든 활용해보는 게 아주 중요하다.

페이스북을 처음 접할 때 시작할지 말지를 고민하던 순간이 있었다. 블로그는 약간 숨을 구석이라도 있지만, 페이스북은 완전히 나를 다 보이는 거고, 몇몇 사람 파도 타고 가다 보면 어김없이 노출이 쉽게 되다 보니 개인정보가 너무 공개되는 것 같아 주저했다. 하지만 내가 농사지은 농산물들을 더 많은 사람에게 알리고 홍보하는 게 더 중요했기에 부끄러움을 무릅쓰고 페이스북 계정을 열어 활성화시켰다.

왜 페이스북인가 했는데 정말 사람사람 그렇게 많은 사람들이…. 전국 곳곳에, 세상 사람들이 다 모여있는 듯했다. 파고파고 또 파도 끝이 없는 연결고리, 이곳이 바로 네트워크의 기본이구나 싶었다. 시장은 사람이 많이 모이는 곳에서 더 활성화가 되듯 페이스북을 더 잘 활용해야겠다는 생각이 들었다. 그러다가 만나게 된 라이브커머스니 얼마나 반가웠는지 두 달간 교육을 마치고 첫 방송을 하고 나니 완판이 되었고, 이에 용기를 얻었다. 곧장 1주일에 두 번씩 요일을 정해서 그날만큼은 꼭 방송해야 한다고 나와 약속을 했다. 더 미루고 따질 것 없이 바로 시작했다. 라이브방송의 매력은 역시 실시간 소통에 있다. 내가 농사지은 농산물을 결과물로만 만났을 때와 커가는 과정을 지켜본 후 만나게 되는 건 사뭇 느낌이 다른 것 같다.

마트에 수북이 진열된 수많은 사과와, 크는 동안 나도 함께 지켜보며 나의 반려농부가 한 해 동안 농사지어 보내준 사과의 의미는 다르다. 예쁘고 세련된 포장이 아니어도, 때깔 좋고 모양이 예쁘지 않아도 이해가 되는 부분이다. 그래도 기본적으로 맛있게 농사를 잘 짓는 게 중요하다. 맛있으면 포장지의 디자인이나 과일의 색깔이 기대에 조금 못 미쳐도 이해할 수 있다. 또 이처럼 페이스북의 영향력을 경험해보았기에 열심히 라이브방송도 하고, 라이브가 힘들 땐 포스팅이라도 계속했다.

라이브방송에 익숙해지기 위해 훈련하고 지속적으로 방송을 이어왔지만, 새삼 느끼는 라이브방송의 매력은 바로 간단하게 할 수 있다는 점이다. 몇 가지 방법만 간단하게 알면 방송이 가능하다.

하지만 이후는 자신과의 싸움이다. 라이브방송 중 실시간 접속자도 별로 없고 별 반응도 없다며 몇 번 하다가 그만둘 거라면 아예 시작도 하지 말아야 한다. 실시간 방송 중에 동시 시청자가 없는 건 당연하다. '내가 뭐 하는 사람인 줄 알고 방송을 봐주겠는가?', '예쁘고 잘생긴 사람이라면 동접자가 많을 것 같다.'라고 생각한다면 꼭 그런 건 아니라는 게 지난 2년간의 경험을 토대로 한 나의 결론이다.

페이스북 라이브는 일단 방송을 시작하고 기다리면 된다. 하지만 누군가 들어올 때까지 아무 말 없이 기다리기만 하면 안 된다. 실시간 방송을 보는 시청자가 없어도 방송 종료 후 내 계정에 동영상으로 저장되니 나를 아는 사람들은 그 영상을 클릭해서 볼 수 있다. 초반에 아무도 없다고 말없이 무표정으로 가만히 있지 말고 인사도 하고 안부도 전하면서 소소하게 일상적인 대화를 진행하는 게 좋다. 물론 방송을 시작하기 전에 주제를 간단하게 생각해 두면 훨씬 효과적이다.

유튜브 구독자가 천 명이 넘고 시청시간 4,000시간이 넘으면 유튜브에서 광고수익을 낼 수 있는 자격조건이 되어 내 영상에 광고를 붙여 수익을 창출해 낼 수 있게 된다. 소위 말하는 '떡상'치는 영상을 하나 만들어 내는 건 굉장히 디테일한 작업들을 요한다. 농사지으면서 구독자 천 명을 달성하는 일조차 쉬운 일은 아니다 보니 농튜버로 구독자가 몇만 명씩 있는 분들에게 존경하는 마음을 금하지 못한다. 혼자 하는 분들도 있고 부부가 함께하거나 그 외 도움을 주시는 분들도 있다. 광고수익을 내게 된다면 돈을 주면서 도움을 받아도 되지만 우리 농업인들은 돈도 없고 인력도 부족하다. 모든 조건이 '1인 방송'하라고 하는데 더 이상 미룰 까닭이 없었다.

10년 전 카톡을 처음 접했을 때 난감했지만 곧 익숙해져서 요즘은 카톡으로 사진 보내고 영상 보내는 일이 아주 쉽고 간단한 작업이 되었다. 페이스북도 그렇게 갖고 놀 정도가 되어야 한다. 방법은 다른 게 없다. 그냥 꾸준히 계속하는 것이다. 다른 사람들은 어떻게 하는지 자주 들어가 보면서 벤치마킹도 하자. 나의 단점은 잘 못 봐도 다른 사람 단점은 기가 막히게 찾아내는 안목으로 주의해야 할 행동들이나 말투 같은 건 차차 고쳐가는 게 좋다. 몇 해 전 판매하지 못한 과일량이 많아서 지역 신문에 광고를 내보면 어떨까 싶어 신문사에 전화해서 광고비를 문의한 적이 있었다. 천 원 짜리 지폐를 반 접고 다시 또 반 접은 크기에 광고를 내려면 70만 원이 든다고 한다. 배보다 배꼽이 더 큰 격이다. 힘들게 농사지어 광고비와 수수료로 주고 나면 뭐가 얼마나 남는단 말인가?

내가 방송국 총수가 되어 삼각대 하나 갖고 1인 방송을 시작해보는 거다. 내가 직접 농사지은 농산물을 다른 사람에게 맡겨 광고비용 지출하지 말고 내가 직접 라이브커머스로 팔자. 이보다 쉽게 직거래고객을 확대할 수 있는 방법이 있을까? 내가 하기 달렸다. 어렵게 생각 말고 지금 내가 할 수 있는, 나만이 만들 수 있는 방송을 시작하자.

🅕 Live Commerce

나의 경쟁자는 이웃 농가가 아니다

직접 농사를 지으면서 때로는 일하다 말고 어렵게 시간을 쪼개고 쪼개어 받은 교육들로 어느 정도 정보화 교육을 통해 SNS활용 능력이 초급을 넘어 중급 정도 수준이 되거나 고급수준이 되면 이제 SNS가 완전 몸에 배어 습관처럼 포스팅하고 이웃들과 소통하게 된다. 때로는 농사지어 재배한 농산물을 포스팅에 홍보하여 판매하기도 하고, 라이브방송 교육을 받은 농업인이라면 본인 상품을 판매하는 방송도 해봤을 것이다. 몇 가지 농산물을 직접 판매해보면서 경험도 쌓고 하다 보면 주변에서도 처음에는 별 반응을 안 보이다가 서서히 관심을 보이게 된다. "정말 농사지은 농산물을 다 팔았냐?"는 질문도 받고 "어떻게 그렇게 팔 수 있냐?"라며 물어보는 사람들도 한 사람씩 생기기 시작한다. 이럴 때 어떻게 응대할 건가? 혹시 내가 알고 있는 방법을 이웃 농가에 알려주면 나의 고객을 뺏기는 게 아닌가 하고 철벽 방어를 해야 한다고 마음먹고 있지는 않은가? 우리의 이웃 농가는 경쟁자가 아니다. 내가 잘 되고 이웃이 잘 되는 게 지역

사회를 살리고 더 나아가 대한민국의 농업이 살길이다.

나는 라이브방송을 할 때면 어김없이 전북 김제라는 인사말을 꼭 넣는다. 혹시 깜빡하고 잊었다면 모를까, 거의 모든 방송을 할 때 첫 인사와 끝인사에 지역을 말하는 건 우리 지역의 농산물들을 더 많이 알리고 싶어서다. 자기가 사는 지역에서 독불장군처럼 따로 노는 건 나의 오랜 경험에서 보면 더 크게 성장하여 확장될 가능성에 발목을 잡는 일이라 생각되기 때문이다. 나와 성향이 다르다고 멀리하거나 나와 재배하는 농산물이 중복되면 견제한다는 건 옳지 않다고 생각한다.

농업은 많은 노동력이 필요한 작업이 많아 그 옛날부터 두레와 품앗이가 내려오는 전통문화였다. 현대에 와서는 대부분의 농사 현장에서 농기계를 활용한 작업들이 많아지면서 대체로 원활해지고 있기는 하다. 하지만 여전히 이웃과 노동력을 나누고 정보를 공유하는 일은 두레와 품앗이처럼 해야 한다. 나만 아는 고급정보를 이웃들과 풀어내 공유하고, 이를 통해 나도 잘살고 이웃도 잘살며 지역사회가 잘살아야 다른 도시에 가서도 주눅 들지 않게 된다.

그렇다면 우리의 경쟁자는 누구일까? 어떤 사람은 '자신'이라고 할 수도 있다. 물론 모든 과정에서 어제의 나와 경쟁하는 구도로 가는 건 아주 바람직한 마음가짐일 수 있다. 하지만 그래도 굳이 경쟁자를 제시하라면 나는 망설임 없이 대형마트와 대형유통업체라고 하고 싶다. 상품 판매가 보장된 대형마트에 물건을 납품한다는 건 큰 자부심을 들게 하는 일이 분명하다. 누구나 쉽게 마트에 가서 물건을 구입할 수 있고 가격까지 합리적이라면 구매를 하는데 고민하지 않게 된다. 또한 상품의 질도 마트가 보장할 것이라는 믿음이 있기 때문이다. 그런 믿음을 농가에서도 줄 수 있어야 한다. 구입 경로 또한 복잡하지 않고 결제도 어렵지 않게 할 수 있도록 준비해 가야 할 것이다.

다행인지 요즘은 주거래은행의 앱을 이용해 송금이 쉬워지고 카카오페이 등 간편결제의 종류도 다양해서 라이브방송 중 구입 의사를 밝히면 결제계좌를 안내받고 송금하면 결제 완료까지 가능하다. 돈을 모으기는 힘들지만, 돈을 쓰는 건 정말 쉬운 시대이다.

지난해 사과의 작황이 썩 좋지는 않았지만 좋은 상품과 흠과를 구분하고 가공용 사과도 분류하여 라이브로 소개하는 방송을 수확철에 여러 번 했다. 그 결과 수확 한 달 만에 80톤의 사과를 완판하게 되는 역사를 기록했다.

그런데 문제는 다른 데에서 발생했다. 기존 고객들과 페이스북으로 라이브방송을 시청한 사람들과 유튜브로 시청한 사람들의 주문 전화가 계속되었다. 더는 판매할 사과가 없다고 밝히고 주변의 농장을 몇 군데 몇 번 소개해 주었다. 과연 그 농장에서 구입까지 했는지 확인은 못 해봤지만, 문의하시는 소비자들에게 다른 농장을 소개해 주면 "다른 데서 사 먹을 것 같으면 그냥 마트에서 사 먹어야겠다."라고 하는 사람들도 있었고, "1년 기다려야 먹을 수 있겠다."라고 푸념

섞인 말을 전하는 분도 있었다. 대답을 듣고 살짝 놀랐지만, 사과의 성장 스토리를 함께한 사람들은 꼭 이곳의 사과여야만 완성되는 약간의 팬심도 있는 것 같다는 생각이 들었다. 그때부터 주변의 농가에도 라이브방송을 해보라는 권유를 많이 하고 있다.

정(情)을 쏟으면 아무리 사소한 일상도 추억이 된다. 사과의 성장부터 함께 라이브로 지켜본 시청자들에게도 일종의 그런 정(情)이 있는 것 같았다. 내가 농사짓는 과정을 지켜봐 온 사람들에게 사과는 단순한 빨간 과일이 아니었다.

물론 그래도 우리 사과의 품절 소식을 전해 듣고 다른 지역의 사과를 구입한 사람도 있을 것이다. 이왕이면 우리 지역의 농산물을 소개하고 우리 지역의 농업인들이 더 잘먹고 잘사는 게 좋지 않은가. 우리 지역에 부자 농부들이 많아지면 우리 지역으로 귀농하고 싶은 사람들도 증가하게 될 것이고, 사람이 농사짓기 좋은 지역이 되면 지역의 갖가지 농산물 홍보도 더 잘되고, 농업의 가치도 향상될 것이기 때문이다. 이웃 농가를 경쟁자로 보지 말고 협력자·조력자로 만드는 게 서로를 위해서 더불어 살기 좋은 농촌을 만드는 데 이바지하는 삶의 태도다.

나이, 지역을 초월해 친구를 사귀자

스마트폰으로 다양한 SNS를 하면서 우리 지역의 사람들뿐 아니라 멀리 떨어진 곳에 사는 사람들과도 소통할 수 있게 된다. 이 시대가 친구의 영역을 무한히 확대하고 있다. 내 친구의 친구가 또 나의 친구가 되고 그 친구의 친구가 또 나의 친구가 된다. 동네에서 나고 자라고 학교 다닐 때 만나던 친구들만이 친구가 아닌, 지역과 나이를 초월해 모두가 친구가 된다.

블로그를 열심히 할 때 멀리 용인에서 배를 택배로 주문하시던 분이 계셨다. 그런데 늘 주문해서 먹기만 하다가 어느 날 마침 남편분이 휴무라며 다른 볼일이 있는 것도 아니었는데 김제까지 배를 사러 오셨다. 블로그를 오래 봐왔는데 농장에 직접 와 보고 싶으셨단다. 그리고는 아이들이 많아서 과일도 금방 떨어지니 한 차 가득 사가고 싶다며 뒷좌석과 트렁크까지 가득 실어 부부가 앉을 앞자리만 남기고 꽉 채워 돌아가셨다. 물론 멀리서 직접 방문해주신 덕에 서비스도 넉넉히 챙겨서 드렸지만, 그것보다도 멀리서 오직 우리 과수원의 배를 사러 왔다는 데에 감동을 받아서 있는 것 없는 것 꽉 채워 드린 것 같다. 그 후에는 따로 시간을 내어 내려오기가 어려워 택배로 보내드리고 있다.

블로그를 보고 직접 방문해주시는 신규고객들도 많았지만, 라이브 방송을 하다 보니 전국 각지에 있는 농업인들과도 친구가 되고 과수원에 관심 있는 도시민들과도 친구가 되어 평소에 포스팅과 댓글로 이야기 나누며 소통을 한다. 김제에서 사과 농사를 짓고 있지만 다른 지역의 사과는 어떻게 농사짓는지도 궁금했다. 농장마다 다른 노하우들을 소개하는 것도 흥미로웠고 많은 것들을 배울 기회가 된다.

우리 지역에만 국한하지 않고 전국의 농부님들을 비롯해 전혀 알지도 못했던 사람들과의 SNS 만남은 가끔 갑작스럽게 이어지기도 한다. 작년에 배 수확을 앞두고 매일 같이 준비작업 과정을 라이브 방송으로 했더니 강원도 태백에서 배밭을 구경 오고 싶다고 하여 깜짝 반가웠다. 마침 전주, 김제에 볼일도 있다고 했지만, 볼일 보기도 바빴을 텐데 우리 과수원까지 들러주신다고 하니 감사해서 버선발로 맞이했다. 그런데 그분도 김현기 선생님께 라이브방송 교육을 받은 분이라 사모님과 함께 배밭에 도착하자마자 간단히 인사 나눈 후 라이브방송을 시작하는 게 아닌가? 라이브방송을 통해 1주일 뒤쯤 수확 예정인 배를 예약주문까지 해주었다. 전혀 알지 못하는 사이였지만 김현기 선생님의 제자라는 이유로 기꺼이 친구가 되어 서로 도움을 주고받는 사이가 되었다. 그 후로도 나는 강원도의 소식들을 종종 볼 수 있었고, 폭설로 강원도 마을이 고립될 정도였지만 트랙터를 가지고 제설작업하는 모습도 김제의 집안에서 볼 수 있게 되었다. 또 여름에는 이분이 직접 농사지은 강원도 찰옥수수도 구입해서 맛있게 먹었다.

또 다른 분과의 인연도 페이스북으로 맺게 되었는데, 우리 김제지역 강소농 자율 모임체인 '바른농부'의 연미향 대표님의 인연이 나에게까지 연결된 것이다. 모임에서 두 번 정도 뵈었고, 바로 페이스북으로 친구가 되어 이분의 프로필을 보니 대단한 셰프님이셨다. 아주 오래전 북한에서 귀순한 셰프님 부부였는데, 배 수확을 앞두고 했던 라이브방송을 보시고 월요일 휴무를 맞아 과수원을 방문해도 되는지 물으시길래 "기꺼이 됩니다."라고 답을 드렸다. 식사라도 한 끼 대접하고 싶었으나 바쁜 철에 괜히 폐를 끼치는 건 아니냐며, 잠깐 과수원만 둘러보고 갈 테니 부담갖지 말라셔서 약속한 시각에 농장 앞마당에서 만나 두 분을 모시고 배밭으로 차를 타고 들어갔다.

배밭에 도착하자마자 사모님의 눈빛이 반짝였다. 배밭을 걸으면서 어린 시절 고향에서의 일들을 이야기해 주셨다. 어릴 때 동네에 있던 배나무는 키가 아주 커 올라가서 따기도 힘들어 긴 가지를 이용해서 따면 밑에서 커다란 천을 몇 명이서 펼쳐 떨어지는 배를 받아 냈다고 한다. 그곳의 배는 아주 작았다고 한다. 그래도 아삭하고 물도 많아서 참 맛있었단다. 그때 배봉지도 싸지 않고 키웠다며, 수확을 앞둔 배들이 손을 뻗으면 닿을 높이에 커다랗게 열려 있는 걸 보며 소녀같이 웃으셨던 모습은 지금도 잊을 수가 없다. 멀리서 아주 멀리서 오신 두 분께 배를 따 갈 수 있게 바구니를 건네 드렸더니 하나씩 따면서 정말 행복해하셨다. 지금은 서울에 아파트에서 살고 있는데, 어릴적 시골의 감성이 그리울 때가 있다고 가게 쉬는 날에는 도시를 벗어나 시골을 여행 다니고 싶다고 하신다. 하루빨리 묵을 곳을 만들어 언제든 시골을 느끼고 싶을 때 올 수 있게 준비해야겠다는 생각을 했다. 시골의 짙은 어둠과 시원한 밤공기도 맡으며 오순도순 이야기 나누고 쉴 수 있는 공간을 하루빨리 만들고 싶다.

　몇 분과의 인연을 예로 들어 봤지만 지역과 나이를 초월해서 친구가 될 수 있는 건 이 시대가 주는 선한 네트워크의 연결일 것이다. 나의 경우 요즘은 공산품과 생필품들을 제외하고 농산물과 농식품은 페이스북을 통해 구입하는 비율이 높아졌다. 내가 라이브방송과 라이브커머스를 하고 있는 것도 한 가지 이유겠지만, 그보다 나 역시 내가 키우는 것을 제외하고는 구입을 해야 하는 소비자이다 보니 농산물의 정보를 잘 알 수 있는 농업인의 라이브커머스에 대한 신뢰가 자리한 점이 더 크다.

　앞으로 더 많은 사람들이 라이브커머스를 통해 물건을 구입할 것이 예상된다. 그러니 농업인 라이브커머스를 지금부터라도 바로 시작하면서 친구도 늘려가고 소통도 많이 하는 영향력 있는 라이브커머스 방송인이 되도록 해보자.

내 친구를 소개합니다! (함께 알면 유익한 sns친구들)

[김제 강소농 자율모임체 바른농부]

바래의 봄향기 / 저온발효식초, 자몽, 전통기악주

산지뜸농원 / 홍로, 부사

아름다운 농장 / 쌀, 보리, 콩, 레드향

꿈트리곤충농장 / 식용곤충, 굼벵이환, 분말

온누리 / 유정란

지평선연미향 / 제철한식반찬

텃밭영농조합 / 레드향, 각종농산물

7장

지역 공동체 협업으로
상생하는 농촌 만들기

나의 즐거움이 사회적으로
유의미하게 만들자

크게 성공하는 것이 내 삶의 목표는 아니었다. 다만 먹고 싶은 게 있으면 사 먹을 수 있고, 보고 싶은 게 있으면 가서 볼 수 있는, 그렇게 소소한 하루하루를 즐겁게 살아가기를 바랄 뿐이다. 이 또한 너무 큰 욕심이라 할 수 있지만 이만한 사치는 허락하고 싶다.

사실 라이브방송을 이렇게 오래 할 수 있었던 것도 재미가 한 몫을 한 것이라 볼 수 있다. 예전에는 행복한 미래를 위해 오늘을 희생할만한 가치가 있다는 얘기가 사회에 만연해 있었지만, 요즘은 오늘을 즐겁게 보내고 하루하루를 행복하게 보내야 다가올 미래도 행복해질 수 있다는 사회적인 분위기도 조성되어 있는 것 같다. 나 역시 크게 공감하는 바이다. 오늘이 즐거워야 내일도 즐거울 것이고, 많이 즐거웠던 사람이 계속 즐거움을 추구하며 즐거워지기 위한 노력을 끊임없이 하는 것 같다. 그래서 하루가 멀다하고 라이브방송을 하면서 신났고, 때론 신나지 않았던 날도 신나기를 바라며 신나게 방송을 했다. 물론 지금도 딱히 '인싸'각은 아니지만 내가 즐겁고 재밌어서 하루하루를 기록하듯 라이브방송을 이어가고 있다.

하지만 나 혼자 즐겁기보다 사회적으로 유의미하게 접근하고 싶은 욕심도 나에겐 있다. 내가 속해있는 지역의 소식과 정보를 공유하고 귀농을 하려는 분들에게도 도움이 될만한 콘텐츠로 공적인 부분까지 영역을 확장하고 싶은 게 나의 바람이다.

특히 지역 축제 관련 콘텐츠를 적극 홍보하는 일을 들 수 있다. 일례로 전국적으로 유명한 김제 '지평선광활감자 축제' 현장을 재작년에 4대가 함께 갔었다. 미네랄이 풍부한 갯벌 흙에서 캔 둥글둥글 감자를 커다란 가마솥에 삶아 포슬포슬 잘 익은 감자를 실컷 먹을 수 있고 바삭한 감자야채튀김과 전을 그 자리에서 부쳐주어 후후 불면서 먹으면 얼마나 맛있던지… 아이들이 어릴 때부터 매년 다녀와서인지 꼭 가봐야 하는 연중행사였다.

재작년에는 축제 기간 전에 감자 캐기 체험을 사전예약으로 진행해서 미리 함께 갈 가족 수대로 예약을 하고 한 봉지에 만 원씩 감자 캐는 체험을 4대가 함께 했다. 축제장에서 약간 걸어가 감자밭에 도착한 우리 가족은 다들 감자 캘 욕심에 설렜지만, 나는 라이브방송으로 우리 가족의 체험 영상을 담아내고 지역 행사장을 소개할 생각에 마음이 바빴다. 한낮의 더위에도 아랑곳하지 않고 송해 오빠와 동갑이신 90이 넘은 상할머니께서도 어린아이같이 행복한 표정으로 보행기를 밀면서 한 봉지 가득 감자를 캐오신 모습은 지금도 잊을 수가 없다. 어머니도 한가득 아이들도 한가득 캐느라 더운 줄도 몰랐겠지만 한 봉지를 가득 채워서 나오는 길엔 비닐하우스에 통풍을 위해 뚫어놓은 구멍으로 머리를 내밀면서 더위를 식히면서 낑낑대며 감자를 한 봉지씩 안고 나와야 했다. 그나마 할머니 보행기에 한 봉지씩 앉혀서 차까지 안전하게 가져올 수 있었다.

우리에게 큰 행복감을 안겨준 지역행사였고 감자 캐기 하는 동안 라이브방송을 하면서 지역 축제도 소개하고, 일석이조였다. 아는 사람은 알겠지만, 지평선의 고장 김제 광활감자는 가락시장에서 최고가를 받는다고 한다. 그래서 막상 김제에 사는 사람은 광활감자를 먹기가 쉽지 않고, 직접 농사지은 분들도 값이 잘 나오니 생산한 건 팔고 정작 그분들은 이웃에서 사 먹는다고 하는 우스갯소리도 있다.

한편 이 라이브방송을 보신 분들은 통해 4대가 함께 감자 캐는 모습을 보며 부럽기도 하고 힐링이 되었다고도 했다. 90대 할머니와 70대 어머니 40대 며느리 10대 우리 아이들까지 모두가 함께할 수 있는 게 얼마나 있을까 싶기도 하여 약간 강행한 부분도 있었지만, 다녀오길 참 잘했던 것 같다. 나의 우리 가족의 즐거움이 멀리 스마트폰 화면 밖에서 시청하는 분들에게도 약간의 즐거움을 줬다는 것도 아주 뿌듯했다. 그 이후로도 시간이 되면 계절마다 지역의 축제장을 다니며 라이브방송을 하고 싶었지만, 가을에 지평선축제현장을 마지막으로 지역 축제현장을 못 다니고 있다. 그래도 계절별로 걷기 좋은 거리와 드라이브 하기 좋은 곳들을 다니며 소개하기도 한다.

코로나로 인한 행동반경을 자제시킴에도 있지만 내가 조금 더 부지런하지 못한 이유가 더 클 것이다. 앞으로 더욱 노력해서 지역을 많이 알리고 잘사는 우리 지역, 잘 놀 수 있는 우리 지역, 현지인만 안다는 곳까지 우리 지역 구석구석을 다니며 놀 곳, 먹을 곳, 쉴 곳들을 소개하고 싶다. 큰 지식이 아니어도 내가 지닌 작은 능력을 발휘해 사회적으로 유의미하게 영향력을 끼칠 수 있다면 그게 성공한 삶이 아닐지. 내가 할 줄 아는 거라곤 라이브방송을 꾸준히 하는 것 정도이다. 말을 잘해서 능력이 탁월해서가 아닌, 그냥 꾸준함이, 그 성실함이 나의 가장 큰 장점이니 이 달란트라도 지역사회를 위해서 사용해보고 싶은 마음이다.

구하라 그러면 얻을 것이다

라이브방송을 하면서 얻은 게 참 많다. 시골에 살다 보면 늘 겪게 되는 일들을 거의 매일같이 라이브방송하면서 아무도 안 알아주는 소소한 자랑거리도 뜬금없이 얘기하기도 하지만, 한창 농번기에 농촌 현장에서 필요한 인력이 원활하게 충원이 안 되다 보니 과수원 일을 하다가 아주머니들 새참 드실 때 라이브를 켜고 방송을 시작했다. 미리 준비한 멘트 같은 것도 없었다. 그냥 지금 이 상황을 알리고 도움을 받을 수 있다면 받고 싶었던 마음에 일하던 밭에서 라이브를 켜고 농촌 일손돕기에 적극 참여해 달라는 호소에 가까운 이야기를 거의 30분 동안 한 것 같다. 농사 짓는게 참 쉽지 않은 일이지만, 일손이 부족해서 제때 작업을 하지 못해 정체된다면 우리 농장만의 문제가 아니라 대한민국이 흔들리게 될 것이다. 도시에서 구직을 희망하는 사람들과 농촌에서 인력이 필요한 농가의 다리가 되어 인력공급을 해줄 수 있는 곳이 필요하다고 생각한다.

마침 방송을 보시고 따로 연락이 닿은 경기도에 사는 부부께서 "캠핑카가 있으니 시골에서 며칠 일도 도와주고 근처 관광도 하고 싶다."라시길래 깜짝 반가워 환영했다. 하지만 얼마를 일당으로 주냐길래 현재 동네에서 지급되는 일당을 얘기했더니 최저시급도 안 된다며 나중에 연락을 주겠다고 했으나, 그 뒤로 소식을 전해 듣지 못했다.

물론 근로자의 최저시급을 존중하긴 하지만 시골 일이 그런 부분에서 도시의 구직자를 만족시키지 못하는 부분은 양해해주었으면 하는 바람이다. 입장이 달라 견해에 차이가 있을 수 있지만 나는 농부로서 얘기할 수밖에 없는 점을 이해해 주길 바란다.

또 다른 분의 연락도 받았었다. 일당은 지역에서 받는 만큼이면 된다며 돈은 상관 없으니 숙박만 가능하면 내일이라도 당장 둘이 내려오겠단다. 하지만 우리 집도 7명이 사느라 방 한 칸 내어주는 데는 어려움이 있을 것 같았고, 그렇다고 며칠 계실지도 모르는데 숙소를 짓는 것도 부담이 되는 일이었다. 그러나 언젠가는 숙박이 가능한 공간을 마련할 계획은 갖고 있다. 꼭 구직자를 위한 숙소가 아니라 농촌 체류형 게스트하우스를 운영하고 싶어서이다.

그건 그렇고, 소식을 접해 듣고 어느 공기관에서 연락이 와서 담당자를 만나 상담을 받게 되었다. 도농 협력의 일환으로 농촌 일자리를 소개하고, 구직을 원하는 도시민을 연결해주는 업무를 맡고 있다고 했다. 홍보가 많이 되지 않아서인지 신청인이 많지 않는데, 농가에서 농촌 인력을 필요로 하는 것 같아서 연락했다고 했다. 덕분에 필요할 때 인력을 공급받아서 제 시기에 맞춰 일을 마무리할 수 있게 되었다. 농촌인력지원센터를 너무 잘 이용할 수 있어서 다른 분들께도 알리느라 라이브방송의 주제로 담아 일과를 마치고 저녁에 센터 이용방법을 자세히 안내하는 방송을 했다. 그 이유에서 였는지 가을에 사과·배 수확할 때 인력공급을 상의했을 때 예산이 소진되어 당초 11월 말까지 계획이던 사업이 조기 마감이 되어 내년에 다시 이용하라는 말을 듣고 어찌나 아쉬웠던지….

사람들은 다른 사람 일에 크게 관심을 갖지 않는 것 같아도 도움이 필요하다고 하면 언제든 도움을 주려고 한다는 것을 알 수 있었다. 라이브방송이 그래서 좋다. 나의 농촌인력 공급에 대한 이야기가 농번기에 일손 구하기가 어렵다고 투정을 부리는 것처럼 보였을 수도 있다. 하지만 대부분의 사람들은 다른 사람이 무엇을 필요로 하는지 몰라서 도움을 못 주는 거지 도움이 필요한 부분을 구체적으로 솔직하게 이야기하면 이렇게 멀지 않게 답을 구하게 될 수 있다는 것을 그때 깨달았다. 그때 그냥 지나쳐 넘기지 않고 관심 갖고 도움 주셨던 그분께 진심으로 감사를 드린다.

그 후에도 내가 해결 못 할 일이 있다면 공공연히 도움을 요청했다. 예전에는 모든 일을 내가 다 해야만 하는걸로 생각을 했지만, 나의 몸은 하나고 모든 걸 다 잘할 수 없기에 필요할 때 내가 도움을 요청하고 누군가가 또 도움을 요청할 때 기꺼이 도움의 손길을 내밀어 줄 수 있다는 게 참 감사한 일인 것 같다.

한 번은 가을에 사과 수확을 앞두고 미리 예정된 유치원 아이들의 사과 따기 체험 차량 외에 갑자기 추가로 관광차 3대가 동시에 체험이 가능한지 문의가 들어왔다. 잠시 망설이다가 보조 선생님이 네 분 정도 구해지면 가능하다고 말하고 이후에 다시 연락하기로 했는데, 때마침 농촌체험 지도사 과정을 함께 이수한 동기생들에게 도움을 요청해야겠다는 생각이 들었다. 20여 명이 있는 카톡방에 긴급 도움 요청을 했고 네 명이 금세 도움을 줄 수 있다고 답장이 와서 체험을 진행하기로 했다.

체험 당일날 마당에서 커피 한 잔씩을 나누며 네 명의 보조선생님과 체험 진행 방법을 안내하고 잠시 후 체험객을 맞이했다. 다행히 체험지도사 과정을 이수하면서 체험 실습시간을 가지며 각자의 농장에서 체험 활동진행을 경험해봐서 사과 따기 체험을 진행하기에도 충분했다. 체험농장의 규모가 아니어서 과수원 앞마당에서 제대로 앉을 공간도 없이 진행한 게 미안했지만 사과나무에서 직접 사과를 따 볼 수 있는 것만으로도 흥미로웠다고 하니 하루빨리 안락한 공간을 만들어 체험객을 맞이해야겠다는 자기반성과 미래계획을 할수 있는 계기가 되었다.

이렇듯 라이브방송은 참 매력이 있다. 나의 방송을 누군가 보고 잘못된 부분을 바로 잡을 수 있게 알려주기도 하고, 어디 가서 누구를 만나 이야기하는 것보다 때와 장소도 가리지 않고 언제든 필요한 걸 이야기하면 해결에 도움이 될만한 사람들이 찾아오기도 한다. 나

역시 다른 누군가의 라이브방송을 보고 마음이 움직여 연락을 한 적
도 몇 번 있다. 이렇게 소소한 이야기로 꾸준히 소통하다 보면 가까
이 사는 친척보다 때론 강원도의 '누군가', 혹은 제주의 '누군가'처럼
집에 숟가락이 몇 개 있는지 속속들이 알 수 있는 사람들을 만들어
낸다. 가족 구성원까지도 훤히…. 그렇다고 스토커까지 되면 안 되지
만 오히려 SNS라 적당한 거리를 두고 소통할 수 있으니 구하라! 그
러면 얻게 될 것이다.

지역 농업인들과 함께하는
라이브방송 공간구성

2019년 3·4월에 생산자 1인 라이브방송 교육을 받고 나서 잠시 라이브방송을 하는 동기생도 있었지만, 정기적으로 방송을 하는 사람이 나 혼자 밖에 없었다. 혼자 하는 방송도 재미있긴 하지만, 같이 하면 더 재밌겠다는 생각을 하게 되었다. 그래서 처음 교육을 같이 받은 동기생들과 평소 SNS를 자주 하는 김제지역의 농업인을 20여 명 모아 농장 소식과 지역행사 소식들을 라이브방송으로 함께 해보자 하고 카톡방을 열어 여러 의견을 나눴다.

일단 라이브방송 하기 전 카톡방에 알려 우리끼리라도 댓글도 달고 '좋아요'도 누르면서 연습해보기로 했다. 혼자 가는 것보다 함께 가면 더 멀리, 높이 갈 수 있을 것 같은 기대감도 들었다. 1주일에 한 번씩은 아무 때고 좋으니 잠깐이라도 좋으니 라이브방송을 꼭 해보기로 약속했다.

방송을 시작하기 전 카톡방에 '저 몇 시쯤부터 방송해볼 예정입니다. 많이 봐 주시고 응원 부탁합니다'를 남기고 방송을 하니 다른 일로 바쁠 수도 있지만 서너 명은 함께하면서 귀 기울여 들어주고 실시간으로 소통했다. 그렇게 하니 이야기가 술술 나오고 보는 사람도 하는 사람도 좀 더 자연스러웠다.

사실 나도 라이브방송을 처음 시작할 때 라이브 옆에 있는 숫자를 의식하며 몇 명이 보고 있는가를 확인하면서 했었다. 얼마 동안 계속 그랬다가 라이브 옆에 1도 없는 날이 많아지자 체념한 듯 '아 나는 그냥 나 혼자 해야 하는가 보구나' 싶기도 했다. 나 혼자 처음 시작할 때를 생각하면 '내가 지금 뭘 하고 있는 건가' 싶을 때도 있었고 혼자 맥이 빠지기도 했다.

혼자 해보니 새삼 알게 되었다. 혼자 100번 하는 것보다 10명에서 열 번씩 하는 게 훨씬 더 효과적이라는 걸⋯. 혼자 백 번의 방송을 하는 동안 나의 불필요한 작은 습관들을 찾아내 고치는 등 라이브커머스를 준비하는 마음을 다잡으며, 꼼꼼히 챙길 것들을 혼자 다 해내기에 벅찼던 그때를 생각하니 그 시간을 좀 더 효과적으로 썼더라면 더 좋았겠다는 아쉬움이 살짝 있었다.

1년간 100번의 방송을 한다는 건 정말 지치고 힘든 일일 수 있다. 나는 다만 특별한 재주도 없었고 선천적으로 타고난 아름다움도 누구에게 내세울 자랑거리도 없었다. 그렇기에 너무 평범한 보통의 농부였고 며느리였기에 그저 성실히 꾸준히 반드시 이 과정을 견뎌내야 했다. 나 자신을 훈련시키는 게 목표였기에 지금까지 그 과정을 견뎌내고 있었던 것이다.

하지만 혼자가 아닌 여럿이라면, 뜻을 함께할 수 있는 동료를 만나면 그 과정은 반으로 줄이고 또 반으로 줄일 수도 있다고 생각한다. 함께 라이브방송을 독려해주는 팀이 있다는 건 시행착오를 줄일 수 있고 더 효과 좋은 방법을 쉽게 배울 수도 있다. 이미 경험한 사례들을 처음 시작하고자 하는 사람에게는 좋은 자료가 되어준다. 코로나로 인해 모두 다 함께 만날 수는 없어서 수시로 카톡방에서 방법들을 공유하고 서로를 응원해주었지만, 그래도 우리에게는 역시 오프라인 교육도 필요했다. 영상통화를 통해서 잘 안 되는 부분들을 가르쳐 드리기도 하고, 남편분의 휴대폰으로 전화를 해서 통화하면서 알려드리기도 했다.

그러나 20여 명이 함께 모일 수는 없으니 동아리방처럼 이용할 수 있는 우리만의 공간이 절실하게 필요했다. 물론 농업기술센터를 이용할 수도 있겠지만 낮에는 농사일로 다들 바쁘고 밤에 저녁 식사 마치고 자유롭게 모일 수 있는 그런 공간이 필요했다. 20여 명의 교육 이수시간도 다르지만 스마트폰 활용이 어려운 분들도 있고 라이브방송 경험이 없는 분까지…. 다시 말해 교육 경험치가 다 다르고 받아들이는 정도도 다 달라서 소그룹으로, 소수정예의 구성으로 가야 모두가 한 번이라도 더 쉽게 라이브방송을 할 수 있을 것 같았다.

아, 어디 그런 공간이 없을까?

깊게 고민하다가 마침 좋은 아이디어가 떠올라 큰맘 먹고 일을 저질러 보기로 했다.

버려진 창고를 1인 방송 스튜디오로

몇 년째 사과밭 옆에 방치된 작은 컨테이너가 있었다. 9년 전쯤 서방님께서 새로운 일을 시작해보려고 들여놓은 건데 잠시 창고처럼 이용하다가 다른 곳에 치우지도 못한 채 그렇게 몇 년을 천덕꾸러기로 자리만 차지하고 있었다. 가만 보니 더 놔뒀다간 너무 낡아져 못쓸 수도 있겠다 하는 마음에 페인트칠이라도 해서 되팔아볼까 싶어 칠을 했다. 그리고 막상 깔끔한 페인트칠로 새 옷을 입히니 그냥 팔긴 좀 아까울 것 같아 뭔가 활용해보고 싶은 마음이 들었다.

시골에서 농사짓다 보면 작은 창고나 농막이 필요한데, 건물을 짓는 건 부담스럽고 이동 가능한 작은 컨테이너 하나씩 두어 창고로 쓰는 분들이 많다. 농장 앞 간이 판매장으로 사용하는 분들도 많아 나 역시 이 공간을 나에게 꼭 필요한 공간으로 만들어 보고 싶은 목표가 생긴 것이다. 처음엔 저온저장고 판매장 앞에 직접 방문하시는 분들께 작은 카페를 만들어 잠시 쉬며 차 한 잔 나누고 가는 공간으로 사용해볼까 했다. 그런데 그것도 녹록지 않아 라이브방송을 하고 있으니 나만의 놀이터를 만들어야겠다는 결과를 도출해내 구체적인 활용방안을 모색했다.

평소 사과밭에서 배밭에서 일하다가 라이브방송 할 때는 현장의 생생함을 고스란히 담아낼 수 있으니 공간에 대한 아쉬움은 없었다. 문제는 집안으로 들어와서 라이브방송을 할 때였다. 주방은 이것저 것 지저분하고 거실은 가족들이 오가는 곳이다. 특히 아들의 작업실 은 게임을 위한 키보드가 있어서 키보드 두드리는 소리가 굉장히 커 서 서로에게 방해가 되었다. 그렇다고 아이들 방으로 들어가려니 딸 아이 방의 벽엔 아이돌 오빠들의 포스터들이 붙여져 있어서 내가 들 어가 방송하기엔 좀 부담스러웠다.

결국 더 이상 미루지 말고 7인 가족의 틀에서 벗어나 나만의 공간 을 만들어 봐야겠다고 다짐하고 컨테이너 활용법을 찾아보기로 했 다. 그리고 주변 분들에게 도전해 볼수 있는 용기를 북돋움 받아 1 인 방송 스튜디오를 만들어야겠다는 결심을 하고 구체적인 절차를 통해 가로세로 3m×6m 크기의 컨테이너를 리모델링하는 비용을 견 적 받기로 했다.

작년에 유현준 교수님의 《공간이 만든 공간》을 읽으면서 머지않아 나도 나만의 놀이터를 꼭 만들어 낼 수 있기를 바랐다. 그리고 지금 이 나에게 딱 필요한 나만의 놀이터, 나만의 공간을 만들어 낼 작업 을 하기에 적절한 타이밍이라 스스로 응원하며 추진했다. 방송국이라고 말하기엔 좀 거창하기도 하고, 그만한 역량이라고까지는 생각하지 않아 견적을 받아볼 때 목적을 묻는 공간연출가님께 큰 욕심은 없고 집과 분리된 나만의 공간을 갖고 싶다고 했다. 그리고 그 공간에서는 내가 좋아하는 일을 집안일에 구애받지 않고 자유롭게 할 수 있으면 좋겠으며, 더 나아가 지역의 농업인들과 라이브방송 동아리방으로 활용하고 싶다는 포부를 밝혔다. 며칠 뒤 공간연출가님은 컨테이너를 활용한 스몰하우스, 세컨드하우스, 카페의 디자인 자료를 제시하셨다. 가까이에 컨테이너를 활용한 카페를 직접 방문해 둘러보고, 세부적인 작업공정을 들은 후 예상 공사 기간과 비용 등을 적절히 논의하여 진행하게 되었다.

하고 싶다고 다 할 수 있는 것은 아니지만 일단 해보고 싶은 마음이 있으니 라이브방송 교육을 해주신 스승님 김현기 쌤께 의견을 여쭈었다. "'신나는농부' 정도 되면 방송국 하나 만들어도 괜찮지~" 하시며 응원과 공사 진행 시 주의할 점들, 방송 장비의 세팅에 대한 정보도 주셨다.

스승님의 따뜻한 응원에 힘입어 바로 시작해야지 했으나, 공사가 시작되기까지 여러 가지 현실적인 문제에 부딪혔다. 공사를 잠정 보류해야 할 위기도 있었다. 여러 부분 가족의 동의를 구하고 앞으로 이 공간 활용에 대한 이해와 설득을 통해 우여곡절 끝에 공사가 시작되었다. 사과나무를 몇 그루 뽑아야 할 수도 있는 상황이었지만, 디자인적인 요소로 사과나무는 살리고 옆으로 뻗은 가지만 몇 개 잘라내어 진행하게 되었다.

컨테이너가 얇은 합판과 철판으로 만들어진 구조라 이 공간 안에서 사람이 머물러 있으려면 먼저 단열을 해야 한다고 했다. 하지만 워낙 작은 공간이라 내부단열을 하면 아무래도 공간이 좁아지니 외부에서 단열하기로 했다. 대신 내부에 있던 기존의 합판은 전체 제거한 후 10t합판을 새로 붙였다. 전기 배선도 다시 깔고, 좁은 공간에 방송 장비가 들어오면 삼각대 몇 개만으로도 활동에 제한을 줄 수 있어서 조명 삼각대라도 줄여보자는 마음으로 컨테이너 내부에 조명을 더 넣었다. 기존의 창문도 다 뜯어내어 사과나무를 바라볼 수 있는 기다란 창을 새로 냈다. 환기를 위해 맞은편의 창도 다시 내고 출입구 쪽 계단을 볼 수 있는 작은 창도 만들었다. 공간이 너무 좁아 옥상까지 활용할 수 있는 구조로 리모델링을 하기로 하고 컨테이너 앞쪽은 데크를 내어 사과밭에서 바로 올라올 수 있게 했다. 옥상으로 올라갈 수 있는 계단도 만들고 햇볕을 어느 정도 가릴 수 있는 그늘과 비 가림 역할을 하고 시선의 분산도 막기 위해 한쪽 벽면을 가리는 구조로 만들었다. 옥상에도 데크를 깔아 단열의 효과도 올리고 야외카페 같은 분위기를 낼 수 있어 방문하는 분께 차 한 잔씩 나눌 수 있는 공간으로도 활용되도록 했다.

이렇게 해 놓으니 바쁜 농번기를 피해 날씨 좋은 날 낮에 라이브방송도 진행할 수 있을 것 같다. 또 옥상에서 내려다보이는 드넓은 사과밭의 경치를 감상하는 핫플레이스도 될 것 같다. 너무 작은 공간이지만 일상에서 잠시라도 벗어나 이곳에서 힐링할 수 있기를 바란다.

중간중간 비가 와서 작업을 쉬기도 하는 등 우여곡절 끝에 45일

정도 걸려 컨테이너 리모델링이 완료되었다. 이후에도 페인트칠을 하고 곳곳에 마무리 작업을 했으며, 스튜디오가 길가에 있다 보니 심리적으로라도 분리될 수 있게 낮은 울타리도 만들었다.

앞으로 이 공간에는 라이브방송을 위한 방송 장비도 몇 가지 들여 직접 농사지은 농산물을 라이브커머스로 판매할 수 있도록 할 생각이다. 적어도 우리 지역에서 만큼은 못 팔아서 힘들어하는 농부님들이 없길 바라는 마음으로 이 공간에서 열심히 배우고 익숙해지게 계속 훈련할 예정이다. 농사를 짓는 건 쉽지 않은 긴 여정을 견뎌내는 일이다. 그 여정을 혼자 감당해야 한다면 지치고 힘들어 얼마 못 가서 주저앉을 수도 있을 것이다.

농사를 잘 지었는데 판로가 확보되지 않아 힘든 농부님들과 함께 이 공간에서 라이브방송하는 방법을 배우고 익혀서 이웃의 다른 농부님들께 가르쳐 줄 수 있는, 그래서 서로가 서로에게 유익한 존재로 더불어 잘 사는 농촌이 될 수 있길 진심으로 바라는 바다. 낮엔 각자의 농장에서 일하고 밤에 모여 주경야독하는 마음으로 '주경야방'을 하고자 하는 농부님들은 집합! 여럿이 함께 서로 돕고 챙기며 간다면 우리는 전에 알지 못했던 잠재력을 찾아내어 더 멀리 더 높이 뻗어 갈 수 있을 것이라고 믿는다.

가든 스튜디오 애플은 이렇게 태어났다

나만의 독립적인 공간을 꼭 갖고 싶었는데 생각보다 빨리 아주 작은 규모이긴 하지만 작은 공간이 만들어져 매일 아침 아주머니들을 모시러 가는 길에도 아이들 학교에 데려다 주는 길에도 어김없이 눈길을 주곤 한다. 낮에는 과수원 일 때문에 자주 들르지는 못하지만, 가끔 비가 오는 날이면 집안일은 가볍게 서둘러 마무리하고 이곳을 찾는다. 해도 해도 표시가 안 나는 집안일. 어쩌면 내가 잘하지 못하니 표가 안 나는 것일 수도 있지만 게으름을 피우고 빼먹기라도 하면 티가 팍 나는 바람에 하루라도 빨래를 쉬게 되면 7명의 밀린 빨래들이 감당이 안 되기도 한다.

아무튼 처음엔 집안에서 나만의 공간을 찾고자 2층 난로 옆에 자리 잡아 책상도 곁에 두고 해봤는데, 집안에서 독립공간을 차지하기란 어려운 일이었다. 집안일이 눈에 보이지 않게 집 밖으로 찾아 나온 것이 사과나무 옆 컨테이너 새롭게 다듬어 제법 구색을 갖추게 된 '가든 스튜디오 애플'. 어른들의 놀이터가 되어줄 이곳은 집으로부터의 독립적인 공간일 뿐 나 혼자만의 공간이 아닌, '공유 스튜디오'로 확장해 나아갈 생각이다.

요즘은 50·60·70대 연령에서도 스마트폰의 사용이 굉장히 활발해졌다. 하지만 대부분은 기존의 TV 시청자로만 머물러 유튜브나 페이스북, 인스타 등에서 보이는 영상을 시청하는 데에만 머물러 있다. 시청자에서 벗어나 한 걸음 더 진보하여 직접 영상을 만들어 제작하면서 콘텐츠를 만들어내는 생산자로 자리매김 하길 바란다.

지금은 1인 미디어 시대이다. 스마트폰의 기본적인 기능들만 익힌다면 누구나 쉽게 자기만의 콘텐츠를 만들 수가 있다. 현재 하는 일에 대한 이야기도 좋고 수많은 시간들을 경험해 온 이야기로 많은 분들과 더불어 지혜를 나누는데 이 작은 스튜디오를 공유하고 싶다. 은퇴하는 나이라며 사회에서 한 발 뒤로 빠져 있으려는 사람도 있겠지만, 요즘은 70대 어르신들도 너무 젊고 건강하며 스마트한 분들이 많아 라이브방송에 관한 짧은 교육을 통하면 누구나 쉽게 할 수 있는 장점이 있으니 하루종일 가만히 앉아 영상을 소비만하는 시청자로 소파를 차지하지 말고 책상 앞으로 나와서 일상을 라이브방송의 콘텐츠로 만들어 인생 2막을 시작해 보기를 권하고 싶다.

얼마 전 지상파방송의 피디님과 잠시 작업한 적이 있었는데, 그분의 최대 고민이 하루종일 유튜브만 보는 아버지를 바라보는 거라고 했다. 은퇴 후 딱히 활동할 일을 찾지 못하고 또 때마침 코로나로 그나마 동네의 소소한 사랑방 같은 곳을 다니지도 못하니 집안에서 하루종일 영상들만 돌려 보는 게 안타깝기까지 하다고 했다. 그래서 나는 '아버님께 라이브방송을 권해보면 어떻겠냐'고 했다. 자기만의 SNS공간에서 하고 싶은 걸 다 해볼 수 있고, 돈도 안 들며 소소한 영상 제작하는 재미도 있으니 하루하루가 무미건조하지 않음을 느끼게 될 것이다. 그동안 못 해본 것들을 라이브방송을 통해 먹방도 해보고 관심 있는 분야로 콘텐츠를 정해 꾸준히 방송하면 하루하루가 얼마나 재밌고 신나는지 모른다.

요즘은 집안에서도 방송할 게 참 많다. 꼭 라이브커머스로 뭘 팔아서는 아니지만 원한다면 중고거래도 라이브방송으로 가능하다. 물론 반려동물이나 반려식물이 있다면 방송의 소재가 되고, 댕댕이의 일상을 라이브방송 콘텐츠로 삼아 만들어 라이브방송을 해도 좋을 것이다. 농업 현장의 라이브방송은 그 어떤 콘텐츠보다 더욱 매력적이다. 힘들게 농사지어 직거래고객을 확대해 가는 데 라이브방송이 큰 역할을 해 준다.

겨우 2년의 경력으로 명함을 내민다는 게 의심스러울 수 있을지 모르지만, 실제로 2년간 라이브방송을 해온 경험자로서 농사지은 사과·배를 조기완판하는 결과를 냈고, 꾸준히 방송을 하니 어느 기업 광고 못지 않은 홍보 효과가 있었다. 그리고 무엇보다도 내 농산물의 가치를 인정해주는 소비자들을 만날 수 있었다. 어떤 기술과 장비보다도 농장에서 일하다 흙이 튀기도 하고 빨갛게 달아올라 땀으로 범벅이 된 얼굴이어도 그 모습 그대로 보여줄 수 있었기에 이런 효과를 본 것 같다.

내가 이렇게 직접 경험한 것들을 다른 농부님들과 나누며 혼자서도 언제 어디서든 방송하고 싶을 땐 망설임 없이 할 수 있도록 연습하는 공유스튜디오로 지역에 자리매김했으면 싶다. 농사지은 농산물들을 라이브커머스로 판매할 수 있는 농부님들을 많이 만들어 내어 우리 지역에서는 모두가 농산물은 당연히 완판하고 없어서 못 파는 정도가 될 수 있길 바란다.

게다가 요즘은 중고장터도 많이 활발해졌다. 우리 집에 사용 안 하는 물건들을 필요한 누군가에게 무료 나눔을 하거나 저가로 판매할 수도 있다. 라이브커머스를 경험해본 사람은 라이브에 대한 신뢰가 대단하다. 어느 날 갑자기 나타난 장사꾼이 아닌, 농업 현장에서 반려농부가 하루하루 농산물을 가꾸는 모습을 봐온 사람은 농산물의 성장스토리를 알기에 더 애착을 느끼고, 농산물에 대한 믿음과 신뢰는 자연스레 구축된다. 그래서 농사짓는 현장의 모습을 꾸준히 라이브방송 하는 게 너무 중요하다.

누구나 처음은 쉽지 않다. 나 역시 쉽지 않았지만 묵묵히 해오면서 '함께할 수 있는 사람이 있었다면 조금은 덜 힘들고 더 빠른 시간 내에 더 큰 성과를 낼 수 있었을 텐데…'라는 아쉬움이 있다. 모두가 각자의 채널에서 라이브방송을 할 수 있을 때, 가든스튜디오 앞에서 온·오프라인 장터를 열어 다양한 행사도 진행해 지역의 농산물을 홍보해 많은 분들이 기다리는 소식이 될 수 있길 희망한다.

저마다 시골에 들어와 농사를 짓는 이유는 달라도 요즘처럼 빠르게 변화하는 시대에 스마트폰 하나로 농업의 소득 증대에 도움이 될 수 있다면 하지 않을 이유가 없다. 꾸준히 라이브방송을 통해 사과와 배가 익어가고 있는 농장의 곳곳을 담기도 하고, 라이브방송국 가든스튜디오 애플을 자주 노출시키며 김제 강소농 분들 중 라이브방송에 관심 있는 분들과 주중 2회 만남을 갖고 있다. 라이브방송 교육을 받았지만 잘 안 되는 점들을 해결하기 위해 자율학습을 한다. 하다가 어려운 점들을 함께 이야기 나누면 혼자 끙끙 앓아도 미처 생각 못 했던 좋은 해결 방법들이 마구마구 쏟아져 좋은 아이디어를 가져갈 수 있게 된다.

요즘은 주변 지역에서 벤치마킹 하고 싶다는 분들의 방문이 종종 있을 정도로 많은 분들이 관심을 보여주고 있다. 너무 좁은 공간이라 많은 분들을 한 번에 맞이할 수는 없지만, 미리 시간 약속을 하고 오시는 분들은 언제든 환영이다. 내 작은 경험들이 이제 막 라이브방송을 시작하시려는 분들에게 조금이나마 도움이 되기를 바라며, 함께 멀리 갈 수 있길 기원한다.

밤을 잊은 농부들의 신나는 라이브 창고

가든 스튜디오 애플 이용 **Tip**

누가? 스마트폰을 이용해 라이브 방송을 하고 싶은 분 누구나

언제? 해가 지면 오픈하는 야간개장 (SNS야학)

어떻게? 2인이상 예약 후 방문하면 친절히 알려줌

(카톡ID : 0831rusa)

 핸폰 카메라로 한번 찍어보세요~

8장

나는 이렇게 과수원집 며느리가 되었다

━━━━━ **f** Live Commerce ━━━━━

태풍 루사와 함께 온 며느리

2002년 7월과 8월, 대한민국은 월드컵 4강에 최초 진출하는 역사를 만들어 냈다. 대한민국에 사람 좀 있다는 곳이면 어디나 '대~한민국'을 외치는 붉은악마의 함성이 도시를 가득 메웠다. 많은 사람들에게서 긍정의 에너지들이 방출되던 무한긍정의 시기였던 것 같다.

그 당시, 몇 번의 데이트를 하다가 한 남자가 조심스레 말을 건넨다.

"우리집은 과수원을 하는데, 추석을 앞두고는 엄청 바쁘기도 하고, 9월 추석이 지나면 10월엔 배도 수확해야 하고, 11월엔 부사도 수확해야 합니다. 그러다 보면 김장철, 좀 더 있으면 설날인데…. 기왕에 나에게 호감이 있어 다시 만나기로 결정한 거라면 추석 전에 결혼 하는 게 어떨까요?"

날벼락 같은 말일 법도 한데, 그때 당시 어떤 커다란 이끌림이 있었는지, 아니면 정말 콩깍지가 엄청 커다랗게 쐰 건지 그러기로 했다.

"내가 장남이라 부모님과 함께 살아야겠는데…. 원치 않으면 김제에 아파트를 얻어 따로 살 수도 있다."라고 물어왔다. 물어봤다기보다 부탁하는 것 같기도 했다. 어릴 때부터 할머니와 함께 살아서였는지 어른들과 함께 살아야 한다는 남다른 나의 철학이 마음속 깊이 자리하고 있었던 것일까? 당연히 "함께 살아요"라고 했고, 이 남자는 엄청 기뻐하는 것 같아 보였다. 나 역시 이 남자가 부모님을 잘 따르는 효자인 것 같은 생각이 들어 뿌듯했다. 물론 착한 것은 맞는데, 살아보니 뭐랄까? 어떤 일에 대해서는 완벽하게 아버님과 대립의 선이 분명하다는 걸 알게 되었지만….

나는 20대 알바 시절에 어울려 놀기 좋아해서 결혼자금 같은 걸 생각도 못 했다. 근데 당장 결혼이 진행되니 여러모로 돈 들어갈 게 한두 가지가 아니고, 모아놓은 돈도 없어 좀 난감했었다. 7월 5일 처음 만났는데, 7월 중순 결혼하기로 하고, 7월 말에 양가 상견례를 마친 후 8월 31일 결혼식을 올리는 사상초유의 결혼식이 진행되었다.

결혼 후에 알게 된 사실인데, 집안 어르신들은 남편이 장남이고 종손이라 장가가기 힘들 수 있다고 생각하여 일찌감치 군 제대 후 23살 때부터 맞선을 보게 해 배필을 찾으려 노력했다고 한다. 맞선을 보러 가서 이 남자가 맘에 드는 여성을 소개받기도 하고, 때로는 이 남자를 맘에 든다고 하는 여성분을 만나기도 했다고 하는데…, 서로 맞기는 힘들었던 모양이다. 그러니 나까지…. 10년간 본 맞선이 백 하고도 몇 번째? 내가 130번쯤 된다고 했다.

친정 부모님은 번갯불에 콩 볶듯 하는 결혼식에 정신이 없으셨고, 시부모님들께서는 이번엔 며느리를 꼭 봐야겠다는 큰 다짐을 하셨는지 결혼식과 관련한 모든 것들에 적극적으로 도움을 주셔서 한 달 만에 집안의 도배를 새로 하고 며느리 맞으실 준비를 즐겁게 하셨다고 한다.

2002년 8월 31일 태풍 '루사'가 한반도를 덮치던 그 날. 이른 아침부터 비바람이 거세게 몰아치더니 미용실에서 머리도 하고 웨딩드레스를 입고 차에 올라 타는데 길게 늘어진 드레스가 바람에 마구마구 날려 하마터면 날아 갈 수도 있는 상황이었다. 이미 거리는 입간판들이 차도와 인도에 나뒹굴어 다녔다. 익산에서 김제로 이동하는 길에 차창 밖 풍경을 내다보니 나무들이 바람에 날리고 튼튼한 가로수들이 맥없이 꺾여 쓰러진 나무들도 곳곳에 보였다. 거리를 걷는 사람들은 우산을 쓰고 다니는 게 오히려 더 위험해 보이는 모습이었다.

차에서 내려 예식장으로 올라가는 길에 거센 비바람에 맞서야 했고, 신부 대기실에서 머리와 드레스를 다시 손봐야 했다. 집안 어르신들은 '어떤 며느리를 보려고 이렇게 요란하냐'며 기대와 걱정을 하셨다고 한다.

어머님은(50년생 송 여사님) 그날을 이렇게 말씀하셨다. "큰아들 장가 보내고 집에 왔더니 난리도 아니었다. 수확을 앞둔 추석 사과는 거의 다 바닥에 떨어져 널브러져 있고 비바람에 찢어지고 넘어진 나무가 한둘이 아니었고…. 비닐하우스가 찢어지고 넘어갔어도 괜찮다. 아들 장가 보냈으니, 큰며느리 봤으니…."

눈에 보이는 건 한해 농사를 망친거지만, 다시 일으켜 건강한 과일을 수확하려면 몇 해의 노력이 고스란히 들어가야 한다는 건 나중에 농부가 되어 알게 된 사실이다.

요란한 결혼식을 마치고 그렇게 나는 과수원집 며느리가 되었다. 제주도로 가는 비행기가 9월 1일 오전 8시까지 결항이 되었지만, 미리 예매한 9시 반 비행기는 출발이 가능해졌다. 군산공항으로 달려가 제주로 가는 비행기에 탑승해 상공에서 내려다보니 아비규환이 따로 없다. 제주는 더욱 심각했다. 며칠 전까지 축구 경기가 진행되었던 제주 월드컵경기장이 찢겨 나간 것이다. 곳곳에 나무들도 부러지고 넘어가고, 그 난리 속에서 날씨는 쾌청하여 신혼여행을 마치고 무사히 집으로 돌아올 수 있었다.

서로의 성격에 대해 전혀 알지 못했지만, 우리 두 사람의 주선자는 어릴 때부터 같은 동네에 살던 친구의 엄마였고, 친구의 언니가 나의 손아래 동서가 되는 상황이어서 결혼을 강행했던 것 같다. 지금에 와서 딱히? 후회되는 건 아니지만, 만약 우리가 1년 정도 연애를 했더라면 결혼까지 할 수 있었을까? 생각해본다. 과연⋯. 하지만 우리 아이들이 나중에 결혼을 하게 된다면 최소 꼭 1년간은 만나보고 결정하라고 조언해 주고 싶다. 사계절의 변화만큼 한 사람도 최소 사계절은 겪어보기를 권하고 싶다. 무엇을 상상하든 그 이상을 경험하게 되는 게 결혼생활인 것 같다 그렇게 55일만에 결혼하였고, 농부의 아내로 살기를 희망하였으나 내가 농부가 되었다. '신나는농부'로!

블로그로 시작해
페이스북 유튜브까지

　결혼과 동시에 대가족에 들어와 살림을 배우며 임신한 몸으로 틈틈이 새참을 밭에 내어주기도 하고 3남매와 알콩달콩 소소한 행복들을 찾으며 시골살이에 적응해 가던 중, 하루는 새벽부터 밤늦게까지 일하시는 어머님, 아버님의 뒤를 따라 사과밭에 가게 되었다.

　서릿발이 내린 11월 초쯤 부사를 수확하시는 아버님의 손길이 분주하신 듯하여 도움이 되어드릴까 싶어 작은 운반차를 운전해 드리게 되었다. 내가 운전을 하면 아버님은 사과나무 아래 잘 익은 사과를 따놓은 플라스틱 상자를 운반차에 실어내고, 운반차가 가득 차면 1톤 트럭에 실어 집 앞으로 이동해 선별장에서 선별을 마친다. 그렇게 선별된 각각의 사과를 저온저장고로 옮겨 저장해두고 이듬해 4·5월까지 수확한 과일을 전량 집에서 판매할 수 있었다.
　그렇게 운반차를 운전만 해달라는 말씀에 운전만 하다 보니 나는 시간이 남고 아버님은 시간에 쫓기게 되었다. 그래서 나도 한 상자를 들어보니, 어라? 들리네? 그날 이후로는 수확철 작업을 아버님과 같이하고 선별 후 저온저장고에 옮겨 10단으로 쌓아 올리는 작업까지 마스터하게 되었다. 그렇게 몇 해간 하다 보니 힘이 들기도 하여 아버님께 지게차를 구입하기를 청하였다. '뭔 지게차를 사냐'며 불호령을 하셨지만, 이듬해 수확량이 엄청 많아져 아버님께 여쭤보지도 않고 지게차를 수확기 한 달간만 임대하여 사용했다.

이런 일이 있을 것을 예상이라도 했을까? 2008년 지게차운전기능 자격을 취득했었다. 아버님은 농기계가 흔하지 않을 때부터 삽질과 지게질로 모든 농사일을 해 오신 터라 기계의 도움을 받으려 하면 그다지 반가워하지 않으셨다. 그렇게 한 달간 지게차를 사용하니 집안이 다 평화로웠다. 수확물이 많으면 그만큼 몸도 힘들어져 별일 아닌 일에도 서로 퉁퉁거리며 배려심이 바닥을 보였는데, 지게차 한 달 사용으로 아이들과 함께할 수 있는 시간도 많아지고 피곤한 몸도 쉬어가며 일할 수 있어서 좋았다. 수확한 사과 정리와 가족의 화목까지 끌어냈으니 이 어찌 즐겁지 아니하리오.

이듬해 봄. 아버님은 사과나무를 옮기는 작업을 함께 하시자며 삽을 챙기시길래. 나는 미니 굴착기를 끌고 밭으로 갔다. 모든 작업을 삽으로 하시는 아버님을 보며, '나도 아버님을 따라 일하다 보면 삽질까지 하겠구나.' 싶어 겁이 나서 2008년 지게차면허를 따기 전에 굴착기 면허를 먼저 취득했었다.

사과나무 옮겨 심을 곳을 굴착기로 파고 새로운 나무를 심으니 일도 수월해졌다. 사과나무 심는 작업을 마친 후에 이번에는 사과밭의 배수로 정비작업을 하자고 하신다. 애들 아빠에 비해 작업하는 게 아직 많이 서툰데도 아버님의 지시를 잘 따라주는 내가 작업파트너로는 안성맞춤이었던 모양이다. 50m 길이의 사과밭 고랑을 파서 유공관을 묻는 작업은 1주일 넘게 걸렸지만, 그래도 아버님의 인내와 나의 끈기로 작업은 잘 마무리되었다.

아버님은 그 후로도 내가 한 번도 해보지 못한 일들을 하나씩 던져주며 하루하루 농사의 기술들을 업그레이드하게 해주셨고, 한 해 한 해 발전해가는 나의 모습에 놀라움을 금치 못했다. 간단한 기계 수리 정도는 혼자서도 잘하는…. 내 안에 잠재하고 있던 '공대 오빠'를 발견하는 기회가 되었다. 예전에 농사는…, 정말 열심히 농사만 잘 지으면 판로며 여타의 것들을 크게 걱정할 게 없었다. 하지만 요즘 농사는? 결론부터 말하자면 농사만? 아니 농사도!! 잘 지어야 한다.

예전에는 농사만 잘 지으면 장사꾼(중간 상인, 도매인)들이 농가에서 직접 밭떼기로 구매를 하거나 공판장에 농산물을 가져가면 판매가 이뤄지니 먹고 사는 데에 큰 어려움이 없었다. 그리고 지금보다 인건비도 높지 않을 때라 농가 소득을 꽤 올렸었다.

하지만, 지금 농업은? UR[1]와 FTA[2]로 인해 낮은 관세로 외국 농산물들이 앞다투며 수입되어 들어와 국내 농산물의 가격 경쟁력에서 크나큰 타격을 주어 이제는 공판장에 가도 재미 볼만한 수입을 올리기엔 턱없이 부족하다고 한다. 소비자들의 입맛은 더욱 다양해지고 고급화되어 제대로 농사짓지 않으면 판매도 어렵고, 또 어렵게 좋은 농산물을 만들어 내도 판로가 막혀있다면 헐값에 도매인에 넘기거나 판매 시기를 맞추지 못해 신선도가 떨어져 좋은 가격을 받고 판매하기 힘들 때도 있다. 국내 농산물 생산량이 증가하면 농산물 가격이 급락할 수도 있기에 적절한 시기에 소비자들에게 직접 판매하는 농가들이 늘고 있다.

외부 사례를 찾을 것도 없이 우리 과수원의 경우가 그렇다. 하늘과 땅이 만나는 오직 한 곳. 지평선의 고장 김제에서 40년 이상 아버님과 어머님께서 키워오신 사과밭, 배밭에서 농사짓고 있지만, 과수원 초창기에는 사과, 배를 농사지으며 4남매를 키워내고 여윳돈이 생길 때마다 땅을 한 평 한 평 넓혀가면서 2만여 평의 규모로 유지해 오셨다.

하지만 인건비를 비롯해 농자재와 농사에 필요한 모든 비용이 상승하여 적자를 보게 되는 시기가 시작되더니, 몇 해간 빚더미에 시달려 힘들게 만들어온 사과밭의 일부를 매매하기에 이르렀다. 그리고 빚을 거의 해결할 즈음, 인건비는 해마다 인상되어 초기에 비해 3배 이상으로 뛰어올랐다. 하지만 사과, 배 가격은 몇 해째 동결. 어느 해는 정말 잘 지은 과일들을 수확하기 1주일을 앞두고 태풍으로 인해 70%의 낙과가 발생하기도 했다. 또 어느 해는 농사가 정말 잘 되

---

1) Uruguay Round of Multinational Trade Negotiation(다자간 무역협상, 다각적 무역교섭) 1986년 9월 남미 우루과이의 푼타델에스테에서 개최된 '관세 및 무역에 관한 일반협정(GATT)'각료회의를 출발점으로 하여 8번째인 1993년 12월 타결된 다자간 무역협상

2) free trade agreement (자유무역협정)

어 기대에 찼지만, 막상 수확하고 보니 우리 과수원만 잘 된 게 아니라 전국적으로 풍년이 들어 가격이 하락하는 사태가 발생했다.

이처럼 뜻하지 않은 외부의 상황에 따라 안정된 가격으로 팔기는 쉽지 않았다. 그래서 더욱 농가에서 직접 판매를 하여 안정된 가격으로 신선하게 소비자들에게 전달하고 싶은 마음이 생겨났다. 하지만 오랜 전통 농가 직판이라는 명분으로 집에서 소비자들을 기다릴 수만은 없는 실태. 지금은 '검색의 시대', '영상의 시대'다 보니 농가들의 고민도 당연히 내가 땀 흘려 일한 농산물의 가치를 알아주는 고객을 내가 직접 찾아내 발굴·유치·고객과의 소통까지 스스로 다 해야만 한다.

우리네 농부들이 대형마트와 대기업을 상대로 경쟁해 이길 수 있을까? 쉽지는 않겠지만 전혀 불가능한 이야기도 아닐 것이다. 우리에겐 저마다의 농장스토리가 있고, 소통할 수 있는 채널들이 많이 있으니 광고비와 인건비로 거액을 쓸 수 없는 우리들은 직접 농사짓고, 직접 판매하며, 직접 알려야 한다. 그래서 나는 농업기술센터의 농업인 정보화교육과정으로 해마다 다양한 교육을 받는 것을 게을리할 수 없다.

이번에 참여한 교육에서는 유튜브 영상 제작 교육을 받았다. 교육받으면서 몇 개의 영상을 만들어 봤는데…, 갈 길이 멀~~다. (ㅋㅋ) 하지만 꾸준히 노력해서 '어? 농부가 책을 쓴다고? 농부가 유튜브 크리에이터라고?'하는 의문들을 곧 잠재우고, '농부니까 가능하지~'로 만들어 농부작가, 농부유튜버'를 자연스럽게 받아들이는 분위기가 되었으면 좋겠다.

내 농산물은 내가 제일 잘 알기에 시시때때로 농작물들의 성장 영상을 담아 영상물을 직접 제작하고 꾸준히 소통할 수 있는 SNS활동까지 주저하지 않는 농부님들이 주위에 참 많다. 귀농·귀촌을 하실 계획이거나 이미 귀농귀촌을 하신 분들께 강력 추천합니다!! 내가 가진 농업(농촌)의 다양한 모습들을 활용해 영상을 제작하고 소비자들에게 알려 믿을 수 있는 농산물을 생산하며, 농산물의 가치를 공유하기를….

2년 전부터 김제시 농업기술센터에서 1인 방송교육을 받고, 교육 내용을 기반으로 주 2회 이상 페이스북으로 라이브방송을 하다가 지금은 주 5회까지도 하고 있다. 그렇게 라이브방송을 해 왔어도 아직 어색하고 부끄러우며 쉽지 않은 건 분명하지만, 그래도 할 때마다 재밌다. 첫술에 배부를 리 없고, 천릿길도 한걸음부터라고 했다. 한 발 한 발 계속해서 시대의 흐름을 함께하며 멈추지만 않는다면 무엇이 되든 어떤 모습으로 되어가든 하루하루 재밌고 신나게! 나는 이렇게 '신나는농부'로 살기로 했다.

라이브방송시 이런 점에 주의하세요

사실 블로그를 할 때만 해도 내 얼굴이 직접 드러나지 않아도 되는 점들이 있다 보니 한발 뒤에 숨을 수 있는 장점이 있어 불편함을 못 느꼈다. 하지만 페이스북으로 라이브커머스를 하다 보니 나의 모든 정보가 오픈된다. 1인 방송 라이브커머스는 쇼호스트를 두고 뒤에 있는 게 아니라 나자체가 브랜드가 되고 상품이 되어야 하기에 나를 드러내고 상호신뢰가 구축되지 않으면 판매나 구매까지 가기 힘들 수 있어서 나를 완전히 드러내야 한다. 그게 약간 불편함을 초래할 수도 있다. 그래도 내가 농사지은 농산물을 내 얼굴과 이름을 걸고 소개하고 홍보할 수 있어 소비자들과 건강한 소통이 가능하고 신뢰감을 줄 수 있게 되니 믿고 거래할 수 있어서 장점이 더 많다.

하지만 개인정보까지 노출이 되고 보니 그 점을 악용하는 사례도 있을 수 있다는 점도 결코 간과해서는 안 된다. 설마 나한테 그런 일이 일어날 수 있을까 했는데, 의도치 않게 범죄에 연루된 사건이 발생했다.

페이스북으로 라이브방송을 시작한 지 얼마 안 되어 생긴 일이다. 라이브방송을 하기 전에 이미 블로그 포스팅을 해 둔 자료가 많이 있다 보니 범죄를 모의하는 사람에게는 더 좋은 먹잇감으로 제공되었던 게 아닌가 싶다. 한참 농번기라 8시가 넘어 일과를 마감하고 집으로 들어와 씻고 나왔는데, 마당 앞에 트럭 한 대가 정차해 있었다. 평소에도 갓길에 정차하고 잠시 쉬었다 가는 운전자분들이 많이 있는 곳이라 대수롭지 않게 거실 창을 내다보고 주방으로 가 저녁 식사를 하고 나왔다. 그런데도 여전히 집 앞에 차는 그대로 있고, 남자 두 분이서 마당 앞을 서성이면서 다니길래 무슨 일인지 확인해 보기 위해 마당으로 나갔다.

"안녕하세요. 무슨 일 있으신가요?"
"여기가 ○○○ 님 주소 맞죠?"
"예. 저희가 그 주소의 청하농원입니다."
"여기서 누굴 만나기로 해서요."
"아, 그래요?"
"혹시 ○○○ 씨 계신가요?"
"아니요. 저희 집엔 그런 분 안 계신대요."
"네? 분명히 여기라고 했는데…"
"주소와 농장 이름은 맞는데, 그런 분은 안 계셔서요."
"혹시 트랙터 내놓으시지 않았나요?"
"네? 저희 트랙터를요?"
"아버님이랑 같이 농사짓는데, 아버님이 갑자기 몸이 안 좋아져서

과수원 농사를 더 이상 못 짓게 되어 트랙터를 내놓는다고 하길래
요."

"어? 저희는 그런 일 없는데요."

"아, 이 ○○ 사기네…"

"네? 어떻게 그런 일이…"

"혹시 ○○○ 이 사람 모르세요?"

"예, 전혀 알지 못해요. 혹시 어디에 그런 글이 있었나요?"

"귀농귀촌 밴드에 올라온 글이에요. 급히 트랙터를 처분한다기에
완전 새 기계인데 값이 싸다 싶어서 다른 사람이 가져가기 전에 계약
금 걸고 기계 보러 온 건데…. 어머나, 세상에, 30분 전까지 통화도
했었는데 이제는 전화도 안 받네."

"세상에, 어떻게 해요. 제가 죄송합니다. 경찰에 신고 먼저 하시
죠."

그렇게 한팀과 이야기를 나누고 나니 또 차가 두 대 정도 더 마당
앞으로 왔다. 그분들도 차에서 내리자마자 트랙터를 묻는다. 평소 과
수원에서 트랙터 작업하면서 라이브방송을 수차례 해왔고, 주 2회
이상 라이브방송을 하다 보니 속속들이 시시콜콜한 이야기까지 방
송을 통해 공개가 되어있었다. 그 정보들을 나쁜 마음 갖고 범죄에
악용하는 이런 사례가 발생한 것 같다.

이튿날도 두 팀 정도가 과수원으로 방문해서 같은 이야기를 하길
래 경찰서에 신고하시라 했는데, 신고하면 경찰서도 몇 번 가서 수사

받아야 하고, 이 바쁜데 그렇게 시간 낭비 할 수 없다면서 돈 몇 푼 안 되지만 사기당한 게 기분이 너무 나쁘다며 허탈하게 발길을 돌리셨다. 내가 피해 당사자가 아니라서 직접 신고하기도 좀 그랬다. 하지만 이후에 다른 피해자가 발생하지 않기를 바라며, 그 귀농귀촌 밴드에 가입해 들어간 후 무거운 마음으로 이틀간의 사건 전모를 적어서 올려두었다.

SNS에는 많은 부분 나를 공개해야 건강한 소통을 계속해 갈 수 있고 관계가 더 깊어지게 된다. 예전에는 멀리 사는 친인척보다 이웃이 더 낫다는 말을 많이 했었는데, 스마트폰의 발달로 가까이 있는 이웃보다 멀리 있는 SNS친구의 응원이 더 큰 위로가 되고 상호호혜적으로 좋은 관계를 유지하게 되는 것 같다.

하지만 이런 부작용도 있을수 있음을 염두해야 한다. 여러분들도 SNS를 하고 있다면 얼마든지 일어날 수 있은 일이니 거래를 할 때는 확실하게 알아보고 당사자와 직접 연락을 취한 후 그 사람의 SNS활동 이력을 확인한 다음, 확실하다고 생각될 때 거래를 시작하는 게 좋다. 서로 믿고 사는 사회가 기본이 되어야 하는데 가끔 이렇게 나쁜 마음 갖고 이용하는 사람도 분명 있으니, 돌다리도 두드려 보고 거래 전 꼭 확인하는 습관을 들인다면 라이브커머스로 사기를 당하는 건 피할 수 있을 것이다.

사실 위 사건이 만약 라이브커머스로 진행된 거였더라면 범죄에 악용할 생각은 못 했을 것이다. SNS에 떠도는 글과 사진으로 장난질

하는 사람들이 있었지만, 라이브커머스는 그럴 수가 없다. 실제 존재하는 물건이나 상품을 스마트폰으로 직접 얼굴을 내보이며 실시간 판매하는 방식이라 불미스러운 사건에 연루될 수가 없다. 그래서 더욱 라이브커머스가 확대되고 너 나 할 것 없이 누구나 자신의 브랜드로 상품을 판매할 수 있다. 라이브커머스를 잘 활용하여 서로를 신뢰할 수 있는 문화가 기본적으로 자리잡혀 어떤 형태로든 다른 피해자가 나오지 않기를 바란다.

Live Commerce

라이브방송으로 농부의
삶이 달라졌어요

농사만 짓다가 블로그 세계에 첫발을 내딛게 되면서 완전 새로운 큰 세상을 만났다고 했는데, 라이브세상은 그 몇 배에 해당하는 변화를 가져왔다. 제일 큰 건 농사지은 사과를 한 달 만에 완판했다는 것이지만, 그밖에도 라이브커머스는 농부의 평범했던 삶을 많은 부분 긍정적이고 활기차게 바꾸었다.

먼저 전라북도 농업기술원의 강소농 민간자문위원의 도움을 받아 농장을 재정비하는 경영컨설팅을 무료로 받을 수 있었다. 또, 블로그 기자님의 취재로 『더 농부』에 라이브커머스를 꾸준히 해오는 농부로 소개되어 네이버 메인 창에 이틀간 뜨게 되면서 각종 매체에서 방송 일정을 협의하자는 연락을 받게 되었다.

하루는 아버님과 한창 사과밭에 가지를 전정(剪定)하면서 나무를 정리하는 작업을 하고 있을 때였다. 갑자기 국악방송 『남도마실』의 작가분의 전화를 받게 되었다. 매주 수요일마다 귀농·귀촌하여 농사짓고 있는 농부님들을 모셔 이야기를 듣는 「청춘농부」 코너가 있는데, 마침 라이브커머스를 꾸준히 해오는 농부님을 모셔 농사짓는 이야기와 시골에서 신나게 살아가는 이야기도 듣고 다른 농부님들께 도움이 될 만한 이야기를 해줬으면 좋겠다고 하셨다. 과수원 일을 방송 일정에 맞춰 서둘러 마무리한 후, 광주국악방송국에 직접 내려가 꿈에 그리던 라디오 방송에 처음으로 출연하게 되었다.

라디오 부스에 들어서니 30년간 들어온 배철수의 음악캠프가 생각나 가슴이 벅차올랐다. 언젠가 배철수의 음악캠프에 농부로 출연하고 싶은 바람을 갖고 있었기에 광주 국악방송 라디오 부스는 감히 내가 상상도 못 할 공간에 한 발짝 가까이 갈 수 있는 디딤돌 같은 용기를 북돋아 줬다.

첫 라디오 방송 출연은 기분 좋은 설렘과 벅차오르는 긴장감을 선사해줬다. 그날은 마침 둘째 아이가 코로나로 인해 온라인 학습을 하는 날이어서 아침 일찍 광주로 함께 내려가서 생방송으로 진행되는 라디오 방송시간을 기다렸다가 끝난 후 같이 점심을 먹고 올라올 수 있었다. 라디오 부스 안에서의 생방송 경험으로 며칠간 얼마나 행복했는지 모른다. 농부로 살면서 예전에 해보지 못한 것들과 늘 동경해오던 것들을 해볼 기회가 생긴 게 라이브방송을 하면서 얻게 된 큰 성과 중 하나인 것 같다.

사실 이 책을 쓸 수 있게 된 것도 네이버 메인 창에 뜨게 되면서 출판사에서 먼저 연락이 와서 이렇게 진행하게 되었다. 원고 마감은 가까워지고 연중 가장 정신없는 농번기를 보냈다. 과수원 일 신경 써야지, 인력 픽업해야지, 3남매 픽업해야지, 그 와중에 글을 쓴다는 게 괜한 욕심이었나 싶기도 했다. 하지만 내 이름으로 된 책 한 권 출판해 보는 것도 버킷리스트 안에 있던 거라 이왕이면 원고를 잘 완성해 많은 분들께서도 봐줄 만하다 싶은 책을 쓰고 싶었다. 그런 데 현실은 글을 집중해서 쓰지 못하는 핑계들을 늘어놓으며 출판사 에 나의 형편을 고려해주길 바라고 있으니 욕심이 맞는 것 같다. 그 래도 하루 일을 마치고 어김없이 가든 스튜디오 애플 작업공간으로 걸어 들어와 늦은 밤까지 불을 밝혀가며 열심히 쓰고 있긴 해서 결 국 이렇게 책을 완성해 뿌듯하다.

사실 나의 경험과 필력에 한계가 있는걸 알기에 시간이 더 주어진 다 해도 더 훌륭한 글이 완성될 것 같지는 않다. 다만 약속에 어긋 남 없이 남은 시간 동안 충실히 작업해나가야 한다는 걸 잘 알고 있 었다.

나는 이 책에서 라이브커머스의 정석을 말하려는 건 아니다. 워낙 출중한 강사님들이 많이 있으니 그건 그분들이 하실 일이다. 다만 나는 실제 농민의 입장으로 센터에서 배운 것을 충실히 이행하면서, 어떻게 하면 실수를 줄이고 지속적으로 방송을 이어갈 수 있는지에 대한 극히 개인적인 경험을 토대로 글을 쓰게 된 것이다.

농업인 라이브커머스를 지속하면서 깨달은 게 있다. 어떤 일을 수 행할 때 방법이나 기술이 필요한 부분은 한 20% 정도일 뿐이고, 그 나머지 80%는 마음가짐에 달렸다는 사실이다. 고퀄리티의 수준 높은 것들이 다 훌륭하다고 볼 수도 없을뿐더러, 더러는 요즘 트렌드라는 영상물 중에도 별것 아닌, 너무나 사소한 소소한 것들도 상당수 있었다. 그저 각자의 스타일대로 각자가 하고 싶은 걸 꾸준히 하다 보면 언젠가는 이루고 싶은 것에 조금은 더 가까이 가 있는 자신을 만나게 되리라 확신한다. 가장 개인적인 것이 가장 창의적인 것이 되고, 내가 믿고 꾸준히 하면서 가다 보면 새로운 트렌드가 만들어지게 될 것이다. 우리 모두는 각자의 별에서 가장 빛나는 별임을 분명히 확신한다.

f Live Commerce

새로운 것에 도전하다

● 십시일반 프로젝트

코로나가 갑자기 퍼지는 바람에 셋째 아이의 초등학교 졸업식에도 참석하지 못하고 사진과 영상으로 대신해야 했던 2020년 1월이 훌쩍 지났다. 잠깐 유행하는 독감처럼 생각했던 코로나가 일상을 너무도 많이 바꿔놓았다. 기존에 직접 방문하는 고객님들에게 판매하는 방식은 고수하되 새로운 방안을 찾아보는 것도 의미가 있을 것 같았다. 우리 농장에서 나오는 사과, 배와 사과즙, 배즙을 정기구독하는 시스템을 만들어 약속한 기간 동안 일정 시기에 맞춰 정기적으로 발송해드리는 구독시스템을 어떻게 만들어 홍보할 것인가에 대해 며칠간 고민을 했다. 그리고 10월 중순부터 1월 중순까지 100일간 열흘에 한 번씩 농산물 꾸러미를 정기발송해드리는 회원제로 운영하는, 이름하여 '십시일반 프로젝트'를 구상해 보았다.

구성은 두 가지로 1인가구용 A세트와 다인가구용 B세트를 선보이게 되었다. 10월 10일 10시에 '십시일반 프로젝트'에 대한 라이브방송을 진행하기로 며칠 전부터 SNS에 포스팅하고 홍보하여 10월 10일 10시에 맞춰 라이브방송을 시작했다. 처음 진행해보는 정기구독 프로젝트인지라 '과연 소비자들의 반응이 어떨지, 너무 많은 분들이 신청을 하게 되면 과연 내가 감당할 수 있을지, 반대로 한 명도 신청하지 않는다면?' 등등 여러 가지 걱정이 되었다. 하지만 도전해 보는것에 큰 의미를 두기로 하고 시작했다.

라이브방송 중 어떤 구성으로 10일에 한 번씩 배송될지에 대한 설명도 붙이고, 농산물의 정기구독을 이용하면 얼마나 편할지에 대한 기대감도 덧붙였다. 선결제에 대한 부담은 있을 수 있지만, 장기적으로 볼 때 100일간 신나는 농부의 케어를 받으며 정기적으로 네 가지 상품을 번갈아가며 받아 볼 수 있는 게 장점이었다. 1인가구에서 따로 주문하지 않아도 열흘 뒤면 자동 도착하는 편리함과, 선물을 받는 것 같은 정기적인 케어로 충분히 매력있는 아이템이었다.

십시일반 프로젝트는 10일간 신청을 받았다. 1인가구용 A세트는 익산에서 한 분, 군산에서 한 분이 신청했고, 다인가구용 B세트는 대전에 계신 분이 신청해 주셨다. 무모할 수 있는 도전을 시작해 보도록 기회를 주신 것에 대해 세 분께 너무 감사했다. 그러다가 며칠 뒤 B세트를 주문하신 분이 전화가 와서 선불결제가 살짝 부담되어 필요할 때 주문해서 먹겠노라고 하여 최종 A세트를 주문해주신 두 분께 10일마다 정기 발송해드리는 십시일반 프로젝트를 실시하게 되었다.

처음 발송은 잘 익은 배를 수확하자마자 하나씩 포장해서 1인가구용 작은 상자에 담아 작은 종이에 감사의 인사를 손글씨로 직접 써서 보내 드렸다. 그리고 열흘 뒤에 다시 한번 배를 보내드리고 다시 열흘 뒤 배즙을 착즙해 와서 보내드릴 수 있었다. 그리고 다시 열흘 뒤 사과 수확을 하게 되어 사과를 보내고, 다음엔 사과와 배를 반반 보내고, 그다음엔 사과즙을 보내드리고···. 그렇게 1월 중순까지 열흘에 한 번씩 1인가구용 박스 포장으로 보내 드렸다.

십시일반 정기발송이 있는 날엔 언제나 라이브방송을 통해 그날 발송되는 구성을 보여드리며 포장하고 박스테이프로 봉인한 후 택배 주소 송장을 붙여 택배 발송하는 다른 박스들과 함께 두었다. 사과 수확 후 한 달만에 완판하는 바람에 기존의 고객들이 12월 중순 이후로는 사과 구입을 못 하는 일이 발생했지만, 미리 예약되어있던 십시일반 고객님의 상품은 안전하게 발송해 드릴 수가 있었다.

라이브를 통해 십시일반 프로젝트 발송용 박스를 보는 시청자분들의 문의가 쇄도했다. 지금 십시일반 프로젝트 신청은 안 되냐는 질문이 많았지만, 이미 확보물량을 제외하고 재고가 없던 터라 서로가 아쉬웠다. 다음에는 꼭 신청해야겠다고 하는 분들이 계셨는데, 올가을에는 어떻게 될지 장담하기는 어려울 것 같다. 기상이변으로 저온 현상이 계속되다 보니 농작물의 피해가 여러 곳에서 보여 올해 사과와 배의 풍작을 기대하기가 어려워질 것 같은 슬픈 예감이 다가온다. 그래도 작년부터 기다린 분들이 계시니 가을에 수확철을 즈음해 상황을 봐서 2021년형 십시일반 프로젝트를 진행해봐야겠다. 그때는 지역 농업인들의 상품도 구성에 넣어 상품군도 다양해지고 풍성해지면 좋겠다는 바람을 가져본다.

"시작은 미약했으나 끝은 창대해지리라"

'십시일반 프로젝트'가 농산물 정기발송 꾸러미의 본보기가 되기 위한 노력을 해 보련다.

● 나도 한다! 국내 최초 과수원에서 드라이브스루

사과 수확 후 정신없이 판매하다가 김장철이 지나면 비교적 여유 있는 시간이 생기는데, 뭔가 신나는 일을 꾸며보려 궁리를 해보기로 했다. 코로나로 인해 외출도 자유롭지 못하고 겨우 드라이브로 바깥 구경을 하는 게 고작이다 보니 문득 자주 찾았던 스타벅스와 맥도날드 드라이브 스루가 뇌리에 스친다. '아, 그래 나도 우리 과수원에서 드라이브 스루를 한 달간 만이라도 운영해보면 어떨까?' 갑자기 떠오른 생각이었지만 벌써 표지판을 만들 궁리를 하고 주문방식에 대한 것도 계획하게 되었다.

일단 문구점에 가서 우드락보다 단단한 폼보드를 두 장 구입하고 파란색 시트지와 투명 시트지를 한 마(길이 90cm)씩 구입했더니 13,000원 정도 들어간다. 이걸로 드라이브스루 표지판을 만들기로 하고 그날 밤 새벽 2시까지 오리고 붙여 드라이브스루 표지판 두 개를 완성했다. 하나는 주문하는 곳(order)과 다른 하나는 상품 받는 곳(pick up)을 만들고 눈비로 인한 오염을 막기 위해 코팅하는 목적으로 투명 시트지를 붙였다. 하지만 드라이브스루라면 차에서 내리지 않고 물건을 구입할 수 있어야 했다. 시골 작은 과수원에서 스타벅스와 맥도날드에서 하는 것처럼 주문하는 곳에서 알바생이 주문을 받고 앞으로 이동해서 계산하고, 상품픽업까지 차에서 내리지 않고 가능한 방법을 생각해보았다. 여러 궁리 끝에 QR코드를 활용해 봐야겠다고 결론을 냈다. 네이버 폼으로 들어가 상품 구성과 주문서를 만들고 주문 폼을 다시 QR코드에 담아서 주문하는 곳에 QR를 인쇄해서 붙였다. 주차장 왼편에 주문하는 곳과 상품 받는 곳에 고춧대를 이용해 표지판을 고정하여 설치하고 바닥에는 청테이프를 이용해 주차 라인을 표시해뒀다. 주문 후 앞으로 이동할 수 있게 안내까지 와 상상한 것 이상으로 멋지게 만들어져 소름이 돋을 정도였다.

또한 농장을 자주 방문하시는 분께는 VIP특전으로 사전 주문이 가능할 수 있게 페이스북 포스팅에 사전주문서 링크를 붙였다. 라이브방송으로도 방문 전 사전주문 예약픽업을 원하는 분은 문자를 보내면 주문서 폼을 보내드리기로 했다.

하지만 아쉬운 점도 있었다. 너무 완벽한 구성이었지만 우리 농장의 VIP님들의 연령과 스마트폰 활용 교육이 제대로 이뤄지지 않아서인지 드라이브스루는 나와 연령이 비슷한 몇 분의 이용만으로 한 달간의 운영을 마쳐야만 했다. 우리 지역의 정보화 교육이, 스마트폰 활용이 보편적이지 않고 너무 앞서간 것 같아 오류를 범한 것 같다. 조금 더 젊은 층이 사는, 조금 더 도시에 가까운 곳에서 드라이브스루 농장을 운영했더라면 호응이 더 있었을 텐데, 그런 부분은 조금 아쉬웠다. 그래도 생각한 걸 어떻게든 실제로 해보고 도전해 볼 수 있어서 나에겐 값진 경험이었다.

　소비자와 생산자의 스마트폰 활용 밸런스를 맞춰 가는 것도 간과할 수 없다. 그래도 스마트폰으로 혁신을 계속 시도하고 아날로그적인 문자 발송도 계속하면서 고객들과의 간격을 좁혀가야 할 것이다.

핸드메이드 가내수공업 드라이브스루 표지판

1일1배 운동

새로운 도전은 언제나 즐겁게 한다. 다른 사람이 보기엔 별거 아닌 무모한 도전인 것처럼 보일지라도 새로운 것에 대한 끊임없는 생각을 하는것과 그렇게 상상해오던 것들을 직접 해보는 것은 완전히 다른 경험이 된다.

지난가을에 배를 수확하는 시기가 다 되어 10월 중순쯤 본격적인 수확을 앞두고, 수확한 배를 담기 위해 며칠간 콘티박스를 1톤 트럭에 한 차 한 차 가득 실어서 나르기를 20번 이상 반복했다. 그런데 이렇게 단순한 작업이 며칠 계속되는 일이라 무념무상으로 일을 하면 재미가 없다. 단순반복 되는 일을 재밌게 하기 위해선 재미난 '거리'를 만들어야 한다.

콘티 박스 운반하는 중에도 라이브방송을 했지만, 뭔가 타이틀을 만들어 재밌게 해보고 싶어서 생각한 게 하루에 하나씩 배를 먹자는 '일배운동'이다. 그것도 전 국민을 대상으로 1일1배 운동을 방송 때마다 캠페인 하듯 반복했다. 전 국민이 하루에 배 하나씩 먹기를 권고하고, 하루에 배 하나씩 먹게 되면 달라질 수 있는 많은 변화들을 소개했다. 그때 라이브방송으로 계속 언급했듯, 배는 미세먼지로 지친 기관지를 깨끗하게 해주어 목의 피로도를 낮춰주어 기관지가 편해지고, 술 마신 다음 날 숙취 해소에 도움이 된다. 이뿐만 아니라 배의 작은 알갱이들은 치아에도 좋아 배를 먹는 것만으로도 양치효과를 준다. 이렇게 좋은 배를 하루에 하나씩 먹게 되면 몸에도 좋고, 맛도 좋고, 기분도 좋고. 전국 곳곳에서 우리 배가 사랑받으면 많은 농부님들도 웃을 수 있으니 모두가 기분 좋은 일이라며 끊임없는 호소와 염원을 담아 세뇌하다시피 홍보했다.

그 덕인지 정말 한번 주문하셔서 드신 분들이 배가 참 맛있다고 재주문을 해주시는 경우가 많아지고, 정말로 1일 1배씩 하고 있다는 분들도 생겨났다. 게다가 어린아이들이 배만 달라고 해서 아침부터 배 깎고 있다며 아침상에 올라온 배를 사진 찍어 보내주신 고객님도 계셨다. 또 우리나라를 벗어나 택배 대행까지 하여 홍콩까지 건너간 배도 있었다. 전 국민 일배운동이 효과를 보는 것 같았다.

원래 재작년 같은 경우 2월 초까지 판매한 경험이 있어 이번 해에도 수월하게 2월 초까지는 판매할 수 있겠구나 싶었다. 그런데 1월 초순 정도에 예약 물량을 제외하고는 모두 품절 완판되었다. 작년에 특히 배가 아삭하고 달콤하게 맛있던 것도 이유였겠지만, 라이브방송으로 주야장천 얘기한 '1일1배 운동'의 힘도 있지 않았나 싶었다.

어떤 사람은 혼자 그렇게 라이브방송한다고 무슨 큰 변화가 있겠느냐며 회의적으로 볼 수도 있겠지만, 별거 아닌 작은 행동에도 진심을 담으면 머지않아 경험할 수 있다는 걸 더 깊게 새기게 된 계기였다. 나는 잘나가는 유명한 호스트가 아니지만, 내가 할 수 있는 영역에 내 농산물을 소개하고 꾸준히 소비자에게 구애한다. 때로는 부끄럽고 민망한 화면도 본의 아니게 나오며, 물론 지금도 나는 나의 방송을 볼 때마다 오글거림을 참을 수가 없다. 언제쯤 부끄럼 없이 방송을 술술 할 수 있을지…. 그래도 2년 전 라이브방송을 처음 할 때보다는 많이 자연스러워진 것처럼 보이니 앞으로 계속하다 보면 과거 영상을 복기하면서 한발 한발 성장해가기를 기대해 본다.

가족끼리 건강한 거리두기

1인 미디어, 특히 1인 라이브방송은 지금도 매번 할 때마다 잘하고 못하고를 떠나서 일단 시작하기까지에 많은 용기가 필요하다. 매일 같이 라이브방송을 하다 보면 농장의 좋은 소식을 전할 때는 큰 문제가 되지 않지만, 썩 유쾌하지 않은 불편한 소식을 전해야 할 때도 있어 간혹 고민이 된다. 거의 모든 사람들의 SNS는 자기 자랑이 월등히 많다 보니 웬만한 자랑질은 그러려니 하면서 보는 게 모두의 정신건강에 도움이 될 것이다.

하지만 농민의 라이브방송에서 안 좋은 일은 결국 하늘이 내려주시는 거라 불가피한 상황인 경우가 많다. 이상기온현상으로 인한 냉해는 과수농가뿐만 아니라 감자를 비롯한 많은 작물들에 적지 않은 피해를 가져다준다. 우리 농장 같은 경우 사과꽃, 배꽃이 피는 개화기에 서리가 내려 냉해를 본 것만도 몇 해가 된다. 한해 그렇게 서리 맞아 냉해를 입고 나면 이듬해까지 꽃눈이 올라오지 않고, 소실되는 꽃눈이 발생해 다시 일반적인 배나무의 꽃눈으로 정상궤도에 올라오기까지 한두 해 정도가 걸리기도 한다.

한 번은 갈수록 이상기온으로 인한 농작물의 저온피해가 심각해져 일상을 기록하듯 라이브방송으로 냉해를 입은 배 과수원의 모습을 담아 라이브방송을 했다. 그리고 다음날 저녁에 라이브방송했던 영상을 다운 받아 약간 자르고 붙여 동영상을 만들어 유튜브에 업로드했다. 며칠이 지나고 배밭에서 아주머니들과 적과작업을 할 때 아버님께 전화가 왔다. 다급하고 화나신 목소리로 들려왔지만, 나는 차분히 응대했다.

아버님은 대뜸 "거, 지워버려라. 안 그래도 냉해 입고 속이 상한데 뭐 자랑이라고 그런 걸 올렸냐"라시면서 호되게 혼을 내셨다. 나는 이내 차분히 "어떤 걸 말씀하시는 건가요?"라며 여쭈었는데, 소리소리 지르면서 화가 다 풀리지 않은 채로 그냥 툭 끊어버리셨다. 어리둥절했지만 대충 짐작은 했다. 며칠 전 배밭에서 라이브방송했던 내용일 것이다. 냉해로 인해 정상과가 많지 않아 올해는 배도 적고, 적과작업과 배 봉지 씌우기 작업량도 많이 줄어서 일은 빨리 끝날 것 같다며, 무얼 하며 올해를 보내야 할지에 대한 안타까움, 그래도 이 상황을 긍정적으로 승화시켜보겠다는 다짐을 방송했던 내용이었다. 그런데 아마도 앞뒤 내용은 살펴보지 않은 채 병든 배만 보신 건지….

아버님의 불만은 아무래도 좋은 것들만 담아서 영상을 올리거나 방송을 하지 약점을 굳이 남들에게 보여주냐는 생각 때문이셨을 것 같다. 하지만 나는 그 약점까지도 시청자들에게 말하고 싶고, 어려운 상황들을 공감해 주길 바랐던 마음이었다. 실제로 나의 라이브방송은 일반 소비자들도 시청하지만, 농업에 종사하거나 농업 관련된 일을 하시는 분들도 많이 보는 걸로 알고 있다. 변화하는 기후에 대한 대응은 내 과수원만의 차원에서는 불가능하다. 그러니 더 많은 분들이 기후변화에 대한 관심을 갖고 대처방안을 함께 고민해보자는 취지의 방송이었다. 물론 나 혼자 한다고 전 국민이 관심을 갖고 함께 고민해주지는 않을 것이다.

하지만 현재 변화되는 현상을 담아내고 알리는 일은 누구든 해도 되지 않을까 하는 심정으로 있는 모습 그대로를 담아서 라이브방송을 했던 것이었다. 그러다 보면 기후변화에 따라 농업 현장을 어떻게 바꾸어야 하는지 전문가들도 그 방안을 찾기 위해 노력을 기울이고, 관심있는 분들의 동참으로 미래식량을 지켜나가기 위해 노력해줄 것이라고 믿는다.

여하튼 가끔 이럴 때 기운이 빠진다고나 할까? 다른 사람이 하는 열 마디 비난의 말보다 가족의 한마디로 더 큰 상처를 받기도 한다. 비빌 언덕조차 높은 벽으로 막히는 것 같은 기분이 들어 기운이 쏙 빠지게 된다. 건강하게 오래오래 함께 살아가기 위해, 가족 간에도 어느 정도 감정을 상하지 않게 하는 안전거리는 필요하지 않은가 싶은 마음이 가끔 들 때가 있다.

김제 애플 며느리 서울 상경기

2016년부터 블로그를 시작으로 김제시 농업기술센터에서 진행하는 각종 교육프로그램에서 열심히 교육받고, 지역행사에 참여해 블로그 경진대회에서 수상도 했다. 정보화 경진대회에 출전하여 라이브방송 부문 우수상도 수상하게 되고, 지역 방송과 신문에도 소개되는 등 좋은 일들이 참 많았다.

그러던 중에 2019년 서울 강남의 코엑스에 열린 〈강소농 대전〉의 '강소농 경영개선실천 우수 강소농 경진대회'에 참가하게 되었다. 전국 방방곡곡에서 활동하고 있는 강소농 회원들이 모이는 대규모 홍보와 마케팅 행사이다. 전국 각지에서 모인 강소농 회원들의 농산물과, 농산물을 이용한 가공 및 고부가가치 상품으로의 개발까지 각각의 상품과 농산물에 대한 벤치마킹을 하기에도 좋은 행사이다. 강소농 교육을 받은 지 얼마 되지 않았지만, 열심히 배움을 실천하고 활동하다 보니 전라북도를 대표해 참여하게 된 것이다.

선정되기까지 여러 활동들이 심사에 영향을 미쳤겠지만, 기술센터의 교육을 받고 전라북도 농가를 다니며 농가 홍보 포스팅을 꾸준히 해오고, 페이스북 라이브방송도 꾸준히 해온 게 좋은 점수를 받은 것 같다. 11월 20일~23일까지 4일간 농촌진흥청에서 주최한 〈강소농대전〉은 마침 사과 수확과 겹친다. 원래 이 시기에는 수확 후 선별작업뿐 아니라 농장으로 직접 구입하러 오시는 분들을 한 분 한 분 응대하고 사과를 맛보이며 판매하는 일까지 항상 어머님과 둘이서 작업해왔다. 그런데 아주머니들 작업안내와 새참은 물론이고 방문하는 고객분들 응대까지 어머님께 맡기고 가는 게 조금 죄송하기도 했다. 홀로 애쓸 어머님을 위해 군산에서 이모님이 오셔서 4일간 도움을 주셨고, 다른 가족들에게도 내가 없는 게 티가 나지 않게 적극적으로 도와주길 당부했다.

행사 전날 사과 10상자를 싣고 사과와 농장홍보에 필요한 것들을 챙겨 차에 싣고 직접 운전하여 홀로 서울로 올라갔다. 오후 4시까지 행사장에 도착해 상품 세팅을 해야 한다기에 서울까지 운전해서 가는 게 처음이라 오전에 일찍 출발했다. 그런데 고속도로를 달리는 길에 눈이 내리는 게 아닌가? 가까운 휴게소에 차를 주차하고 차 안에서 라이브방송을 시작했다. 나의 라이브방송은 때와 장소를 가리지 않을뿐더러 방송주제도 제한이 없고 무엇이든 하고 싶은 걸 하는 게 가장 큰 특징이다.

차 안에서 내다보는 휴게소 밖의 눈 내리는 풍경이 어찌나 예쁘던지…. 하지만 그냥 보고 있기엔 나는 바빴고 할 일이 많았다. 코엑스에 가면 10kg짜리 10상자에서 사과를 하나씩 포장해서 농장 네임택을 직접 만들어 지끈에 걸어 홍보하면서 유튜브 구독자도 늘려볼 생각이었다. 전날 미리 문구점에서 구입한 사각지우개와 지끈 한 뭉치, 그리고 사과 하나씩 넣을 크기의 투명한 비닐팩과 네임택으로 사용할 무늬 없는 무지 견출지까지…. 상상을 하니 더욱 신났다. 휴게소에서 잠시 멈춘 김에 지우개 도장을 파기로 했다. 무지 견출지에 농장 이름 도장을 찍기 위해 사각지우개를 꺼내서 도장을 만들기 시작했다. 도장을 찍었을 때 청하농원이 바로 보여야 하기에 반대로 뒤집어 지우개에 음각을 넣어 만들면서 라이브방송을 했다. 이야기를 하다 보니 금세 완성이 되어 직접 스펀지 인주에 찍어보기까지, 가내수공업의 진가를 보여주는 세상에 오직 단 하나 존재하는 도장이 된 것이다.

생각보다 도장이 잘 나와서 뿌듯해하며, 서둘러 다시 고속도로로 진입해 서울을 향해 달리고 달렸다. 늘 시골길만 운전하다가 대한민국 최고의 대도시, 그것도 강남의 한복판으로 향하는 길은 멀고도 험했다. 1차선 타고 쭉 가다가 갑자기 그 차선은 좌회전 전용차선이 되고, 또 갑자기 고가도로를 타거나 지하차도로 들어가 깜짝깜짝 놀랐다.

몸은 완전히 경직되어 오로지 직진만 하면서 가다 보니 여의도를 지나 어느덧 강남 코엑스에 도착하게 되었다. 행사 전날 홍보부스 설치하는 차량과 강소농의 농산물 진열하는 차들이 얽히고설켜 시골의 오일장을 보는 것 같기도 했다. 드디어 나도 이런 곳에 들어와 보는구나 하며 신기하고 설렜다. 도착하자마자 홍보부스 위치를 확인하고 내가 쓸 수 있는 작은 창고를 안내받아 사과 10상자와 홍보에 필요한 물품들을 내려두고 옥상주차장에 차를 주차했다. 그 후 다시 부스로 내려와서 사과를 한 알씩 포장해 견출지에 청하농원 도장을 찍고 연락처도 잊지 않고 수기로 기입한 후 챙겨간 바구니에 하나씩 담았다. 행사 첫날 사용할 양의 포장을 마치고 행사 준비하는 공간을 다니며 생생한 라이브방송을 시작했다. 전북, 전남, 강원, 제주, 경남, 경북, 경기, 충남, 충북 등 전국 강소농 농가들의 다양한 상품들이 홍보와 마케팅을 위해 예쁘게 진열된 상품들을 보니 내 부스는 너무 초라한 것 같아 살짝 쫄긴 했지만, 여러모로 배울 게 참 많았다.

행사 첫날 한 평도 안 되는 작은 부스를 부여받았지만 나와 우리 농장을 홍보할 것들을 진열하기에 부족함은 없었다. 전북농업기술원에서 글쓰기 교육을 받고 쓴 합본집도 보기 좋게 진열하고, 사과를 하나씩 포장해서 담은 사과 바구니에는 '신나는농부' 유튜브를 구독하고 사과 하나씩 받아가시라는 의미로 '구독', '사과드림'을 색깔 있는 포스트잇에 쓴 후 까만 빨대를 꽂아 작은 안내 표지판으로 사용했다. 매일 50분께 유튜브 구독 후 사과드림으로 구독자를 늘려보았다.

그 당시 100명 갓 넘은 구독상태였지만, 홍보 행사로 300명 이상 늘게 되었다. 둘째 날부터는 중학교에 다니는 둘째 아이도 학교에 체험학습 신청서를 내고 함께 부스를 지켜주었다. 가져간 합본집도 홍보하면서 몇몇 분께는 직접 사인까지 해드릴 수 있는 영광까지 누렸다.

　강소농 대전 셋째 날, 강소농 경영개선실천과정을 무대에서 열 곳 농가들이 발표하는 시간을 가졌고, 도 단위로 대표선수들의 열띤 발표에 '사다리 타기'로 발표 순서를 정했다. 내가 첫 번째 발표자가 되어 7분간의 발표를 마치고 3분간 질의응답을 하는 시간을 가졌다. 무대에 선 경험도 많지 않았고, 그 많은 사람들 앞에서 첫 번째 발표가 되어 집중도도 높아 더 부담스럽기까지 했지만, 매도 첫 번째 맞는 게 낫다는 말로 위안을 삼았다. 준비해간 대로 발표를 마쳤고 다른 농부님들의 발표까지 모두 마친 후엔 심사위원들이 직접 홍보부스에 방문해 2차 질의응답을 했다. 그리고 한참 후, 경진대회 시상식이 이어졌다.

2019년 강소농대전 참가(코엑스전시관)

처음 나가본 전국행사에서 우수상을 수상한 것이 신기하기만 했다. 시상은 대상 1, 최우수상 1, 우수상 8인이었다. 여덟 명 모두가 3등. 이런 행사에 함께 할 수 있어서 무척 영광스러웠다. 행사 마지막 날 오후 늦게까지 있다가 5시 폐막시간에 맞춰 남은 짐을 차에 옮겨 실었다. 사과 10상자는 전날 완전소진되어 빈 상자만 실었고, 유튜브 구독자도 3배 정도 반강제적 사과를 덜미로 늘리는 데 성공! 게다가 페이스북 라이브방송을 통해 더 많은 농업인들과 교류하고 소통할 수 있게 되었으니 아주 값진 경험이었다.

행사 기간 중 전북농업기술원 e-비지니스 글쓰기과정 교육을 해주신 빨간펜 김영숙 선생님의 깜짝 방문과 라이브커머스 스승이신 김현기 선생님의 응원방문도 참 감사했다. 이분들의 제자가 될 수 있었던 것, 또 내가 필요로 할 때 적재적소에 도움을 받게 된 것도 참 감사한 일이다.

밤새 달려 내려와 12시가 다 되어 도착하고 몸은 조금 피곤하기도 하여 다음날 조금 더 눕고 싶었으나, 사과 수확 후 작업이 한창이라 여유를 부릴 수도 없었다. 게다가 내가 없는 동안 어머님이 엄청 애쓰신 걸 알기에 벌떡 일어나 지게차로 사과 상자를 운반해 사과 선별과 포장현장의 일상으로 들어가야 했다. 약간의 긴장감과 앞으로의 계획에 대한 기대감, 설레임이 교차하면서 앞으로 더욱 신나게 농사지으며 살겠구나 싶었다.

택배 발송 시 주의사항

　주문한 상품을 택배로 받아보는 고객님들은 생각보다 좋은 상품을 싸게 먹을 수 있어서 고맙다는 인사를 전해올 때 농부로서 아주 뿌듯하고 보람된다. 하지만 아주 가끔은 택배를 받아보고 파손된 과일이 보인다며 아쉬워하는 고객님들도 있다. 상품 파손은 대부분 적재와 배송 중에 발생하지만, 내 상품을 믿고 주문해주시는 고객님들께 의도치 않게 심려를 끼쳐드리는 건 나 역시도 안타깝다. 간혹 포장을 더 단단히 해달라는 고객님이 계시는데, 포장재를 더 넣다 보면 파손은 줄일 수 있으나 내용량이 조금 부족해질 수도 있다.

　나는 택배 포장을 할 때도 라이브방송을 자주 하는 편이다. 저온저장고 안에서 작업할 때는 장갑도 꼭 두 겹으로 끼지만 라이브방송을 할 때는 스마트폰 조작도 함께 하다 보니 장갑을 끼고 하기엔 불편해서 벗고 방송을 하는 경우가 많다. 영상 1~2도를 오가는 저온저장고에서 라이브방송을 할 때면 손이 시려워서 언 손을 입에 가져다 대고 호호 불어가면서 방송을 하기도 한다. 나름 극한 환경에서 택배포장을 하는 과정을 라이브로 하는 이유는 고객님들께 양해도 구하고 포장작업 현장을 그대로 보여주면서 믿고 받을 수 있다는 점도 어필하기 위함이다. 포장하면서 보완해야 하는 내용들도 라이브로 소통하면서 들을 수도 있다. 또 사과 배를 포장하면서 꼼꼼히 선별작업하고 깨지지 않게 완충재를 사용하는 과정을 고스란히 보여드리면서 택배 포장과정의 어려움도 자연스레 이야기할 수 있다. 그리고 고객님들이 라이브로 포장과정을 보면 포장상태를 보지 않고 받았을 때에 비해 포장에 대한 기대감을 조금은 내려 둘 수 있다.

되도록 포장에 들어가는 비용을 줄이고자 고급스러운 포장재를 사용하지 않고 친환경적인 재료들을 쓰려고 노력한다. 환경을 위해 비닐코팅 된 컬러박스 대신 친환경 무지박스를 사용한다. 어쩔 수 없이 스티로폼 포장재를 쓸 경우도 있지만, 대부분 친환경 무지 박스를 사용하는데, 라이브방송을 할 때도 이 부분을 꼭 어필한다. 라이브방송을 보고 주문하시는 고객님들도 포장박스는 상품을 주문 결정에 큰 영향을 끼치지 않는다며, 내용물만 확실하다면 포장이 예쁘거나 그렇지 않은 것에 대해서는 문제삼지 않았다. 빈 공간이 생긴다면 흔들려서 파손되지만 않게 신문지라도 구겨서 넣어 보내도 된다고 한다.

직거래의 좋은 점 중 하나는 고객님들도 포장의 퀄리티를 배려해 주신다는 것이다. 직거래에 가장 중요한 건 상품의 품질이지 포장의 고급스러움이 아니다. 실제로 3년 전쯤 블로그를 보고 대한민국 엘리베이터를 대표하는 어느 기업에서 사과와 배를 혼합한 선물세트 800상자를 주문할 수 있냐는 문의가 들어왔다. 수량 파악 후 연락을 드리기로 하고 일단 전화를 끊었지만, 800박스를 혼합 상자로 포장하려면 포장 박스를 새로 맞춰야 했다. 디자인작업과 박스 제작 기간을 고려했을 때 조금 빠듯했다. 하지만 최대한 차분하게 응대했다. 기업 측에서도 납품가격과 과일 구성은 충분히 만족하여 내부 회의 후 연락을 주기로 했다. 그리고 이튿날 다시 전화가 왔다. 박스와 포장 자재 일체를 만들어 공급하면 과일을 담아서 보내줄 수 있냐기에 가능하다는 답을 드렸다. 하지만 며칠 뒤, 제작 기간과 준비하는 데 시간이 부족할 것 같다며 다음 기회에 이용하겠다는 답을 들었다.

'아, 나도 이제 고급스러운 선물상자를 준비해야 하나….'
며칠간 고민이 깊었다. 포장단가가 올라가면 과일 가격이 상승하고, 고스란히 고객님들의 부담으로 돌아간다. 하지만 선물용은 감사한 마음을 전하려고 고급스러운 포장을 선호하기에 더욱 고민이 되었다. 그리고 고심 끝에 결국 '고급포장은 나의 길이 아닌가 보다.' 하며 마음을 접었다. 나는 포장단가를 올리지 않기로 하고 맛있는 사과를 만들어 내는 데 힘을 쓰기로 했다.

현재 우리 농장을 이용하시는 수많은 고객님들은 포장의 품질은 몰라도 맛은 양보할 수 없다고 한다. 직거래의 장점은 농산물 유통단계에서의 표준규격이 아니어도 판매할 수는 있다는 것이다. 맛없고 싱싱하지 않은 상품들은 소비자의 러브콜을 받을 수 없고 재구매로 이어지기도 힘들다. 아니, 재구매 의사를 밝히지 않을뿐더러 잘해오던 SNS소통도 불통으로 만들 수 있다.

그래서 나는 최대한 상품을 세분화한다. 예를 들어, 사과는 선물용, 가정용, 가공용으로 나눈다. 선물용은 착색도가 좋고 표면도 깔끔하며 매끈한 데다 맛까지 좋은 것으로 선별한다. 이에 비해 사과는 맛있는데 표면에 점이 하나 있거나 착색도가 약하면 가정용으로 분류한다. 그리고 끝으로 사과의 풍미가 살짝 덜하고 착색 정도가 좋지 않으면 수제청이나 주스, 잼, 애플파이, 피자를 만들기 좋은 가공용으로 분류한다.

라이브커머스의 경우 소비자는 마트나 백화점에서만 볼 수 있는 최상품 사과가 아니어도 용도에 따라 구입하기를 희망하는 분들이 많은 것 같다. 덜 예쁘더라도 파손을 최소화하려 꼼꼼히 포장하나, 그래도 발생하는 파손에 대해선 고객님께 양해를 구한다. 충분히 의논한 후 재주문 시 더 신경을 써 포장해서 보내드린다.

내가 정성 들여 농사지은 농산물을 믿고 구입하시는 고객님께 화려한 포장보다는, 그저 최상의 품질을 갖춘 충실한 과일이 안전하게 배송되기를 바라는 마음을 쭉 지켜나가고 싶다.